KB146949

신.
금융선언

신금융선언

ⓒ 권오상 2018

초판 1쇄 발행일 2018년 4월 10일

지 은 이 권오상

출판책임 박성규
편   집 유예림 · 남은재
디 자 인 조미경 · 김원중
마 케 팅 나다연 · 이광호
경영지원 김은주
제작관리 구법모
물류관리 엄철용

펴 낸 곳 도서출판 들녘
펴 낸 이 이정원
등록일자 1987년 12월 12일
등록번호 10-156
주   소 경기도 파주시 회동길 198
전   화 마케팅 031-955-7374 편집 031-955-7381
팩시밀리 031-955-7393
홈페이지 www.ddd21.co.kr

I S B N 979-11-5925-327-0 (03320)

「이 도서의 국립중앙도서관 출판예정도서목록(CIP)은 서지정보유통지원시스템 홈페이지(http://seoji. nl.go.kr)와 국가자료공동목록시스템(http://www.nl.go.kr/kolisnet)에서 이용하실 수 있습니다.(CIP제어 번호: CIP2018010251)」

신新 금융선언

껍데기 금융이론에 휘둘리지 않는

권오상 지음

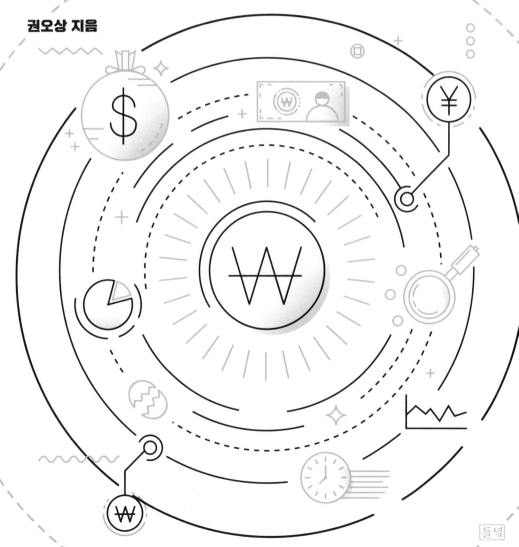

들녘

사랑하는 윤경, 이준, 서준에게

리스크를 지면
수익이 나온다고?

금융에 조금이라도 관심이 있다면 아래 말들을 어디선가 들어봤을 테다. 혹은 들어보지 못했을 수도 있다. 그래도 상관없다. 인간은 양자도약이 가능한 존재다. 과거는 여러분을 구속하는 미약한 끈에 불과하다. 이미 이 책을 집어 올려 "들어가는 말"을 읽고 있으니 여러분은 이제 금융에 관심이 전혀 없지는 않다. 그러니 위험과 수익 사이에 무슨 관계가 있을지 10초만 상상해보자. 그리고 아래 말을 읽어보자.

"위험이 커질수록 수익률이 높아져야 정상이죠."
"리스크와 수익은 서로 정비례합니다."
"높은 위험을 감수해야 기대수익률이 올라갑니다."

위는 금융전문가라는 사람들 블로그에서 긁어모은 말이다. 이들이 이런 말을 하는 이유는 단순하다. 대학에서 그렇게 배웠기 때문이다. 경영학과와 경제학과에서 재무론을 배우고 나면 위 같은 소리를 하게 된다. 나도 그렇게 배웠다.

금융이론은 사실 단순하기 짝이 없다. 직접 확인해보자. 첫 번째는 바로 위에 나온 이론이다. 재무관리 과목에서 C를 맞은 사람도 이에 대해선 떠들 줄 안다. 두 번째 이론은 "금융의 리스크는 수익률의 변동성이다."다. 세 번째 이론은 "금융시장의 가격은 언제나 옳다(고 믿어야 한다)."다. 두어 가지 이론이 더 있긴 하지만 핵심은 위 세 가지다.

단순함이 이론의 결함은 아니다. 뉴턴의 $F=ma$나 아인슈타인의 $E=mc^2$도 식 자체는 단순하다. 나는 위 금융이론들의 단순함에 대해 얘기하고 있지 않다. 단순한 이론이 사실과 맞아떨어진다면 그건 꽤나 멋진 일이다.

문제는 위 이론들이 참이 아니라는 데 있다. 그럼에도 불구하고 이걸 가르치고 또 가르친다. 물론 참이 아님을 인정하고 나면 가르칠 이론이 아예 없어 곤란하다. "일방적 주장에 지나지 않고 실제론 성립되지 않는 경우도 많다."고 가르치는 게 가장 정직한 태도일 테다. 하지만 그렇게 얘기하면 '그럼 내가 왜 배워야 하는데?' 하고 생각하지 않을 학생은 없다. 그러니 눈 가리고 아웅은 그치질 않고 계속된다.

여러 가지 방식으로 위 이론들이 성립되지 않음을 보일 수 있다. 가장 간단한 방법으로 증명해보자. 첫 번째 이론을 예로 들자. 나의 출발점은 오래된 격언, "노 리스크, 노 리턴(no risk, no return)"이다. 나는 이 말이 참이라고 생각한다. 물론 여러분이 이걸 꼭 참으로 받아들여야 할 이유는 없다. 뭔가를 강력히 주장하는 사람 얘기는 비판적으로 듣는 게 바람직하다. 그 대상에는 당연히 나도 포함된다. 하지만 이 책을 계속 읽어야 할 이유를 알기 위해서라도 잠시 동안 참이라고 받아들여보자.

"노 리스크, 노 리턴"을 번역하면 "리스크가 없으면 수익도 없다."가 될 테다. 이걸 여러분이 고등학교 때 배운 명제로 나타내보자. "리스크가 있다."는 명제를 기호 P로 나타내고, "수익이 있다."는 명제를 기호 Q로 나타내자. 명제의 부정을 나타내는 기호가 '~'라고 할 때 "노 리스크, 노 리턴"을 기호로 표현하면 다음과 같다.

$$\sim P \rightarrow \sim Q$$

이제 금융전문가의 첫 번째 문장을 다시 살펴보자. "위험이 커질수록 수익률이 높아진다."는 말을 위에서 정한 기호로 나타내보자. 위험이 크다는 말을 위험이 있다고 받아들이면 P가 되고, 마찬가지로 수익률이 높다는 말을 수익이 있다로 받아들이면 Q가 된다. 따라서 "위험이 커질수록 수익률이 높아진다."는 명제 기호로 다음과 같다.

$$P \rightarrow Q$$

위 두 식을 비교해보면 비슷해 보인다. 하지만 같지 않다. 전자엔 부정 기호가 있고 후자엔 없다. '그게 무슨 대수냐?'고 생각했다면 안타깝게도 고등학교 때 배운 내용을 잊어버린 셈이다. 금융전문가의 명제는 첫 번째 명제의 이, 즉 영어의 인버스다. 가정과 결론의 위치를 바꾸는 역 명제나 가정과 결론의 위치는 그대로 두면서 부정 기호를 붙이는 이 명제는 원 명제가 참일 때 거짓이다. 그러니까 "노 리스크, 노 리턴"이 참이면 "리스크를 질수록 높은 수익을 얻는다."는 거짓이라는 얘기다. Q.E.D.(이것으로 증명 끝)

그럼 뭐가 참일까? 참인 원 명제의 대우명제가 언제나 참이다. 대우명제란 가정과 결론의 위치를 바꾸면서 부정 기호를 붙인 명제다. 즉, 첫 번째 명제의 대우명제는 다음과 같다.

$$Q \rightarrow P$$

위 명제 기호를 일상적인 언어로 바꿔보자. "수익이 있으면(Q), 리스크도 있다(P)."로 말할 수 있다. 뭔가 추가적인 이익을 얻으려고 하면 그에 따른 손실 가능성이 언제나 따라온다고 이해할 법하다. 곰곰이 생각해보면 말이 된다. 왜냐하면 "세상엔 공짜 점심은 없기" 때문에.

논의의 완결성을 위해 한 가지 사실을 더 지적하자. 원 명제가 참이라고 해서 이 명제나 역 명제가 반드시 거짓이진 않다. 참인 경우도 있다는 얘기다. 그럼 언제 참일까? 바로 가정과 결론이 전적으로 같을 때다. 다시 말해 "리스크가 없다."와 "수익이 없다."가 동일한 명제라면 "리스크를 지면 수익이 생긴다."도 참이 될 수 있다.

외관상으로 둘은 분명히 다르다. 하지만 의미상으로 둘은 사실 하나라는 주장이 있을 수 있다. 과연 그런지 확인해보자. $\sim P \rightarrow \sim Q$가 참이면서 동시에 $\sim Q \rightarrow \sim P$도 참임을 보이면 둘의 같음을 입증한 셈이다. 이를테면 "수익이 없으면, 리스크도 없다."가 참이어야 한다. 그러나 이 문장은 참이 아니다. 왜냐하면 수익도 없으면서 리스크만 잔뜩 지는 경우가 세상에 존재하기 때문이다. 결국 "리스크를 지면 수익을 얻는다."는 참이 될 수 없다.

금융 분야에는 위와 같은 예가 적지 않다. 즉, 불합리하거나 오류인데도 불구하고 사실인 것처럼, 참인 것처럼 얘기되는 내용들이 널려 있다. 그중 일부는 미스인포메이션일 게다. 단순한 실수나 오해로 인해 사실로 착각하는 착오정보라는 뜻이다. 하지만 디스인포메이션도 없진 않다. 속이려는 의도를 갖고 거짓을 얘기하는 역정보 혹은 허위정보를 말한다.

착오정보와 허위정보는 단지 개인적 문제가 아니다. 물론 잘못된 정보로 인해 일반인이 손해를 보는 경우도 많다. 더 큰 문제는 금융시스템 차원에서 착오정보와 역정보가 활용되는 경우다. 금융업자는 학교 때 배운 금융이론이 오류가 없는 과학이라고 착각한다. 금융위기를 일으키는 장본인이 바로 이들이다. 나는 이 책에서 금융 분야의 여러 착오정보와 역정보를 알리려 한다. 알아야 앞으로 속는 일을 면할 수 있기에.

나아가 기존 금융이론을 대신할 체계를 이 책을 통해 세워보려한다. 예를 들어 기존 이론은 변동성을 리스크로 간주하고 리스크 프리미엄을 당연하게 여긴다. 그러나 그게 논리적으로 필연은 아니다. 금융은 그 속성상 절대적 진리의 대상이 되기 어렵다. 오류를 줄일 수 있는, 그러면서 실제로 사용 가능한 또 다른 체계가 있어서 해가 될 이유는 없다.

다음은 19세기 미국을 대표하는 작가 마크 트웨인이 말했다고 알려져 있다.

"당신이 모르는 무언가 때문에 곤경을 치르는 게 아니다. 당신이 확실히 안다고 자신하는, 하지만 사실이 아닌 거짓지식 때문에 곤경을 겪는다."

이 멋진 말은 21세기 미국을 주름잡는 작가 마이클 루이스가 쓴 〈빅 숏〉의 영화 오프닝에도 나온다. 트웨인은 정말이지 주옥같은 말을 많이 남겼다. 예를 들면 "용기란 두려움에 대한 저항과 극복이지, 두려움이 아예 없는 상태가 아니다."가 한 예다. 그렇지만 위에 나온 말을 트웨인이 실제로 했다는 증거는 사실 어디에도 없다. 영화 오프닝 장면에도 불구하고 말이다.

이로부터 우리는 두 가지 교훈을 얻을 수 있다. 첫째, 유명세에 기대려는 뭔가를 액면 그대로 믿어서는 안 된다. 약간의 의심은 맹신의 덫에 빠지지 않게 하는 백신과 같다. 둘째, 사실에 얼마나 부합하는가가 말의 가치를 결정한다. 출처가 불분명하다는 이유로 위 말을 무시할 수는 없다. 감추려 해도 사실은 결국 드러나고 누추해 보여도 진실은 우리 마음을 울린다.

영어로 falsify라는 단어가 있다. 사전을 찾아보면 '위조하다, 사실을 속이다, 왜곡하다' 등의 뜻이 먼저 나온다. 조금 더 읽어내려가면 '거짓(false)임을 입증하다'라는 뜻이 등장한다. 과학적 방법이란 '이론에 부합하는 사실을 찾는 것(verify)'이 아니라 '진리인 척하는 대상이 오류임을 보이는 것'임을 역설한 칼 포퍼에 기인하는 용례다. 나는 반증가능성(falsifiability)을 통해 모든 사람에게 이로운 금융의 체계를 세우고 싶다.

2018년 3월
자택 서재에서
권오상

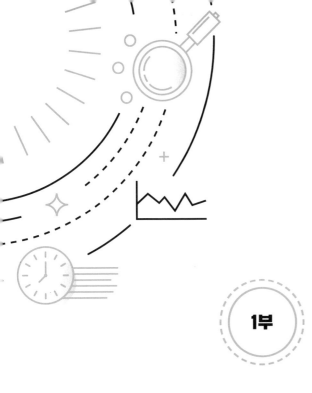

1부

투기자 수익률

1

평균수익률이 높으면
중간에 손실을 입어도 결국 좋다?

금융에는 여러 주제가 있다. 하지만 사람들이 가장 신경을 쓰는 주제는 뭐니 뭐니 해도 수익률이다. 그러니 첫 번째로 수익률에 대해 생각해보자.

수익률이라는 말을 들으면 나는 아래 말이 가장 먼저 떠오른다.

"평균수익률이 높으면 중간에 손실을 입어도 결국 승리합니다!"

위 말과 구체적 표현은 달라도 핵심은 다르지 않은 얘기를 여러분도 한 번쯤은 들어봤을 것 같다. 이는 특히 금융업자가 좋아하는 말이다. "리스크를 지면 수익을 얻는다."와 거의 어깨를 나란히 할 정도다. 혹시 못 들어봤다면 주변의 금융업자를 붙들고 물어보라. 백이면 구십구는 뿌듯한 표정으로 그렇다고 대답할 것이다. 언뜻 생각해도 맞는 얘기처럼 느껴진다.

위 말이 참이라면 의미하는 바가 상당하다. 일반인들이 금융에서 가장 두려워하는 게 뭘까? 아마도 원금손실을 볼 가능성이 아닐까? 그렇기 때문에 안전한 예금 같은 걸 들곤 한다. 그런데 수익률이 평균적으로 더 높다면 시간이 갈수록 결과적으로 더 큰 수익을 거둘 수밖에 없다는 뜻이다. 중간에 실제로 손실을 보더라도 그렇다는 얘기다. 그렇다면 평균수익률이 높은 쪽을 택하지 않는 건 두뇌가 없는 바보나 할 짓일 테다.

그렇다면 진짜 그런지 한번 확인해보자. 아래 [표 1.1]에 두 가지 시나리오를 나타냈다. 첫 번째 시나리오인 '안전'은 이를테면 예금에 해당한다. 매년 1퍼센트의 세후 이자를 얻고 이를 10년간 계속하는 경우다. 따라서 평균 연간수익률은 당연히 1퍼센트다.

두 번째 시나리오인 '위험'은 주식이나 펀드 혹은 파생결합증권처럼 원금손실을 볼 수 있는 금융상품에 돈을 집어넣은 경우다. 매년 5퍼센트의 수익률을 거둔다. 이는 예금 이자율보다 확실히 높다. 다만, 손실을 한 번도 보지 않는다면 지나치게 비현실적이다. 그러니 6년째에 30퍼센트의 손해를 입는다고 가정한다. 이 시나리오에 해당하는 연간수익률 평균은 계산해보면 1.5퍼센트가 나온다. '안전'보다 결과적으로 연 0.5퍼센트만큼 더 높다. 혹시 바로 옆에 노트북이 있다면 엑셀 등을 열어 실제로 계산해봐도 좋다.

시간	1년	2년	3년	4년	5년	6년	7년	8년	9년	10년	평균
안전	1%	1%	1%	1%	1%	1%	1%	1%	1%	1%	1%
위험	5%	5%	5%	5%	5%	-30%	5%	5%	5%	5%	1.5%

[표 1.1] 10년간 발생할 연간 수익률의 두 가지 시나리오

이제 '안전'과 '위험'의 두 시나리오에서 돈이 어떻게 변하는지 확인해보자. 〔그림 1.1〕에 그 결과를 그래프로 나타냈다.

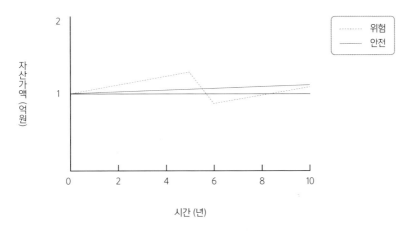

[그림 1.1] [표 1.1]에 나온 두 시나리오에서 1억 원으로 시작한 자산의 변화

동일한 원금 1억 원으로 시작했을 때 5년째까지 '위험' 쪽이 '안전'을 앞선다. 그러다 6년째에 손실을 입고는 '안전' 밑으로 내려갔다. 하지만 7년째부터 다시 매년 5퍼센트 수익을 얻으며 상승한다. 〔표 1.1〕로 봤을 때 충분히 짐작할 만한 결과다.

그러나 주된 관심사항은 결국 10년째에 어느 쪽이 더 낫냐는 거다. 〔그림 1.1〕을 얼핏 보면 둘은 거의 비슷해 보인다. 좀 더 자세히 들여다보면 '안전'이 '위험'보다 조금 더 높다. 실제 숫자상으로 '안전'은 1.105억 원이고 '위험'은 1.086억 원이다. 10년 동안 누적된 수익률이 '안전'은 10.5퍼센트, '위험'은 8.6퍼센트라는 얘기다.

'안전'의 10년 누적수익률 10.5퍼센트는 쉽게 이해할 수 있다. 매년 1퍼센트씩 발생하는 세후 이자에 10년을 곱하기만 해도 10퍼센트는 나온다. 거기에 연간 복리로 쌓은 결과 0.5퍼센트가 더 생겼다. 연간 복리라는 말은 작년 말에 발생한 이자 1퍼센트를 포함한 원금에 대해 금년에 다시 1퍼센트 이자가 발생된다는 뜻이다. 예를 들면 1년 초에 1이었던 돈이 1년 말에는 1.01이 되고, 2년 말에는 원금 1.01에 다시 1.01을 곱한 1.0201이 되는 식이다. 그러니까 1.105는 1.01을 열 번 곱한 결과다.

반면, '위험'의 결과는 한마디로 어리둥절하다. 1.5퍼센트라는 평균 연간수익률이 무색하기만 하다. 쉽게 생각하면 1.5퍼센트 곱하기 10년에 해당하는 최소 15퍼센트의 수익은 나야 할 텐데 그렇지 않다. 반을 겨우 넘은 8.6퍼센트에 그쳤다.

이것만으로도 사실 얘기는 끝난 거나 다름없다. 하지만 '혹시나?' 하고 생각하는 독자를 위해 한 가지 시나리오를 더 살펴보자.

이번에 살펴볼 시나리오도 크게 보면 '위험'의 변종이다. 이 시나리오에서 투기자는 매년 15퍼센트라는 엄청난 수익률을 거둔다. 대신 '위험'과 비슷하게 6년째에 −75퍼센트 손해를 본다. 물론 −75퍼센트 손실은 무시무시하다. 하지만 10년 중 9년은 또박또박 매해 수익 15퍼센트를 얻었다. 연간 복리효과를 무시해도 15퍼센드 곱하기 9를 한 135퍼센트가 이익으로 쌓여 있어야 마땅할 듯싶다. 거기서 손실 75퍼센트를 빼면 60퍼센트가 남고, 10년으로 나누면 연 6퍼센트가 나온다. 즉, 평균 연간수익률은 6퍼센트다. 이 시나리오를 '6%'라는 이름으로 부르자.

그러면 '6%'에서 돈은 얼마나 불어날까? 〔그림 1.2〕에 의하면, 10년 말에 자산은 1억 원에 못 미친다. 정확한 숫자로는 0.879억 원이다. 원금 일부를 까먹은 게 최종결과라는 뜻이다. 영광스러운 6퍼센트 평균 연간수익률에도 불구하고 말이다. 이는 '안전'의 무려 6배에 해당

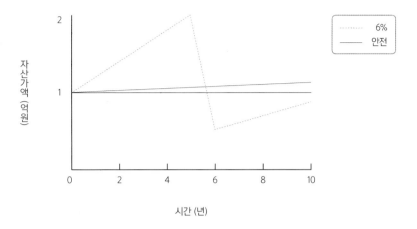

[그림 1.2] '6%'와 '안전'의 자산변화

하는 평균수익률이다. 결과는 원금손실이다.

위와 같은 결과에도 불구하고 "평균수익률이 높으면 결국 승리한다."는 말을 경전인 양 고수하려는 사람이 있을 것 같다. 별로 놀랄일은 아니다. 객관적인 증거에 기반해 판단하지 않고 자신이 보고 싶은 사항만 보려는 사람은 늘 있기 마련이다. 그러한 성향을 지칭하는 '확증편향'이라는 말이 있을 정도다.

일례로 "10년이란 기간은 충분히 길다고 볼 수 없다."는 반론을 펼치는 사람이 있을지 모르겠다. 사실 장기와 단기의 구별은 말로는 쉬워 보여도 실제로는 쉽지 않다. 여기엔 절대적인 기준이 있을 수 없기 때문이다. 예를 들어 24시간은 하루살이에겐 일생에 해당되는 긴 시간이이지만, 사람에겐 찰나의 순간에 가깝다.

얼마나 길어야 충분한지에 대해 모두가 동의할 만한 정답은 있기 어렵다. 하지만 기간이 더 길어지면 무슨 일이 벌어지는지 확인해볼 수는 있다. 예를 들어 투기를 50년 동안 계속했다고 가정하자. 50년은 이를테면 한 사람의 일생에 걸친 경제활동 기간에 가깝다. "인간은 만물의 척도다."라고 얘기한 기원전 5세기의 프로타고라스도 이를 반대하진 않을 듯싶다.

50년이라면 6퍼센트의 평균 연간수익률이 끝내 힘을 발휘할까? 안타깝게도 그렇지 않다. '6%'를 50년간 계속하면 최초 1억 원은 0.526억 원으로 쪼그라들고 만다. 매 10년마다 약 12퍼센트씩 돈이 줄어드니 시간이 길어질수록 손실이 누적될 따름이다. 이런 상황에서 시간은 결코 투기자의 우군이 아니다. 반면, '안전'을 택했던 1억원은 같은 기간 동안 1.645억 원으로 불어난다.

다른 방식의 반론이 있을 수 있다. '위험'과 '안전'을 비교하면서, "10년 중 5년은 '위험'이, 나머지 5년은 '안전'이 자산이 크니, 둘은 사실상 비슷하다."는 주장이다. [그림 1.1]에서 '위험'이 '안전'보다 5년간 자산이 더 많았음은 사실이다. 하지만 이는 논점을 벗어난 얘기다. "결국 승리한다."는 말은 자산이 많았던 시간의 길고 짧음을 가리키지 않는다. 내내 지다가 종료 직전 역전하면 결국 승리했다고 하지 않던가. 마지막에 어느 쪽 돈이 더 불어났는가를 따져야 한다.

사실 10년 중 몇 년간 '위험'이 '안전'보다 나았는지는 전적으로 운 소관이다. 무슨 말이냐면, 30퍼센트 손실이 발생하는 시기가 언제인지에 달렸다는 얘기다. [그림 1.3]에서 볼 수 있듯이 손실이 1년째에 발생하면 10년 내내 '위험'이 '안전'보다 못하다. 반면, 손실이 마지막 해인 10년째에 발생하면 처음 9년간 높다가 마지막 1년에만 뒤진다. 어느 해에 손실이 발생하든 간에 10년째에 1.086억 원이 되는 것은 꼭 같다. 즉, 마지막 해에 '안전'보다 못하다는 사실에는 변함이 없다.

두 가지 반론을 살펴봤지만, 사실 이미 결론은 그전에 났다. [그

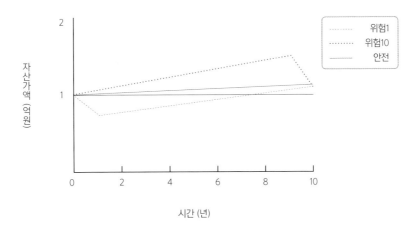

[그림 1.3] 30퍼센트 손실이 발생하는 시기가 '위험'과 다른 경우

림 1.1]과 [그림 1.2]에 나타낸 두 경우만으로도 이 장의 제목, 즉 "평균수익률이 높으면 중간에 손실을 입어도 결국 좋다."가 거짓임이 증명됐기 때문이다. 제목이 참이 되려면 "언제나" 성립해야 한다. 다시 말해 반례가 존재하지 않아야 한다.

위 얘기를 좀 더 자세히 해보자. 예를 들어 "최고수 바둑기사는 기계에게 지지 않는다."는 문장을 생각해보자. 2015년까지 위 문장이 참임을 의심하는 사람은 없었다. 설혹 있었다고 하더라도 자신의 생각을 입증할 방법이 없었다. 최고수 바둑기사가 단 한 번도 진 적이 없었기 때문이다. 하지만 2016년 이래로 이제 더 이상 위 문장은 참이 아니다. 그해 이세돌이 구글 알파고에게 1 대 4로 완패했기 때문이다. 이러한 경우를 반례라고 부른다. 반례가 존재하는 한 주어진 명제는 논리적으로 참이 될 수 없다.

제대로 된 반론 축에도 끼지 못할 억지 주장이 하나 있을 수 있다. "평균수익률이 높으면 중간에 손실을 입어도 결국 좋다."가 참이 아님을 증명했다는 나의 얘기를 두고, "평균수익률이 낮을 때 최종수익이 더 크다."고 주장하는 거냐고 따지는 경우다. 한마디로 흑색선전의 대표적 수법이다.

분명히 말하지만, 평균수익률이 높으면서 최종수익이 더 큰 경우도 틀림없이 존재한다. 그런 경우가 없다는 얘기가 아니다. 하지만 "언제나", "항상", "반드시", 그렇게 되지는 않는다는 게 내 얘기의 요점이다. 평균수익률이 높아서 좋은 경우도 물론 있다. 그렇지만 아닌 경우 또한 있다.

이만하면 뭐가 정확한 표현인지 모두에게 분명할 것 같다. "평균수익률이 높으면 최종수익이 더 클 수도 있지만 작을 수도 있다."가 정확한 문장이다. 이 문장은 논리적으로 참이며, 흠 잡을 데 없는 진실이다. 학교에서건 혹은 시장에서건 이처럼 얘기하는 게 옳다. 그런데 그런 얘기는 하나마나 아니겠는가? 클 수도 있지만 작을 수도 있다는 말은 아무 상관이 없다는 말과 다름없다.

결론적으로, 평균수익률은 아무런 소용이 없는 무용지물이다. 누군가 평균수익률 얘기를 꺼내면 '6%'를 기억하자.

2

근시용 돋보기로 먼 거리를 보면
세상이 제대로 보일까?

옳지 않다고 밝혀졌지만 앞 장 제목은 직관적으로 옳다고 느껴지기 쉽다. 직관과 상식은 실로 우리에게 유용한 도구다. 하지만 이 또한 완벽하지는 않다. 사실 세상에 완벽한 것은 없다. 그러므로 상하지 말라고 생선에 한 줌의 소금을 뿌리듯, 당연하게 들리는 말을 한 번쯤은 뒤집어보고 의심해볼 필요가 있다.

　우리의 직관이 배반당한 데에는 다 이유가 있다. 바로 수익률을 정의하는 방식이 그 근본원인이다. 왜 그런지, 그리고 어떻게 하면 이를 해결할 수 있는지 이번 장에서 알아보자.

　대학에서 가르치는, 그리고 금융업계에서 사용하는 수익률은 다음처럼 정의된다.

$$수익률(\%) = \frac{나중가격-처음가격}{처음가격} = \frac{수익}{처음가격}$$

너무 당연해 보이는 위 식을 한번 음미해보자. 통상적인 수익률을 계산하려면 두 가격이 필요하다. 하나는 처음가격이고 다른 하나는 나중가격이다. 다른 말로 표현하자면, 기준시점과 수익률을 구하려는 기간을 정해야 한다는 의미다.

사실, 분모의 처음가격은 처음에 들인 돈으로 이해할 수 있다. 나중가격에서 처음가격을 빼면 수익, 즉 번 돈을 구할 수 있고, 이게 수익률 식의 분자다. 그러니까 처음에 들인 돈에 비해 얼마나 돈을 벌었는지를 퍼센트, 즉 백분율로 나타낸 결과가 위 수익률 식이다. 퍼센트로 나타낸 수익률이라는 뜻에서 '퍼센티지수익률'이라고도 부른다.

간단한 숫자로 퍼센티지수익률을 어떻게 구하는지 알아보자. 처음가격이 10억 원인 부동산이 있다고 하자. 6개월 후 부동산가격이 11억 원으로 올랐다면 퍼센티지수익률은 (11억-10억)/10억이다. 계산하면 10퍼센트가 나온다. 이처럼 처음가격과 나중가격이 주어졌을 때 퍼센티지수익률은 별다른 어려움 없이 구할 수 있다.

퍼센티지수익률은 기간의 차이를 구별하지 않는다. 무슨 말이냐 하면, 한 달간 발생한 10퍼센트나 10년 동안 발생한 10퍼센트나 똑같은 10퍼센트다. 하지만 그렇게 하면 수익률 간 비교가 완벽하지 않다. 같은 10퍼센트라도 한 달 만에 발생한 쪽이 10년에 걸쳐 발생된 쪽보다 더 낫다는 사실을 부인할 사람은 없다.

그래서 퍼센티지수익률을 계산할 때 보통 일정한 단위기간을 대상으로 한다. 금융업계와 학계가 주로 쓰는 기간은 일간, 월간, 연간이다. 그리고 일간수익률은 일간수익률끼리, 연간수익률은 연간수익률끼리만 비교하도록 한다. 이렇게 하면 적어도 일간수익률과 연간수익률을 직접 일대일로 비교하는 불합리는 피할 수 있다.

퍼센티지수익률에는 하나의 장점이 있다. 바로 직관적인 이해가 가능하다는 점이다. 예를 들어 10퍼센트라는 퍼센티지수익률을 들으면, '아, 원금의 10퍼센트를 벌었구나.' 하는 생각을 누구나 할 수 있다. 수익률의 통계적 특성에 관심이 많은 기존 금융이론은 일간이나 월간수익률에 주목한다. 그러곤 이들의 평균이나 표준편차 같은 통계지표에 크게 의존한다. 일간이나 월간 단기수익률로부터 연간이나 그 이상의 장기수익률을 유추할 수 있다고 가정한다.

그러나 이해가 쉽다는 점을 빼면 퍼센티지수익률은 단점투성이다. 특히 단기수익률의 통계적 성질로부터 장기수익률을 제대로 구할수 없다는 게 가장 큰 문제다. 이는 1장에서 이미 살펴본 사항이다. 즉, 평균수익률이 높아도 장기수익률은 오히려 낮을 수 있다. 심하면 6퍼센트의 평균 연간수익률에도 불구하고 원금손실이 발생한다. "금융회사는 평균수익률이 중요하다며 내게 6퍼센트의 평균 연간수익률을 안겨주었습니다. 그런데 내 원금은 오히려 줄어들었군요."라고 말하며, 평정심을 유지할 사람이 과연 있을런가?

단기 퍼센티지수익률이 장기 누적수익률을 예측하지 못함은 실제 역사적 사례로도 증명 가능하다. 1996년 말부터 2016년 말까지 한국 대표 주가지수 코스피의 연간퍼센티지수익률을 [표 2.1]에서 확인하자. 20년의 기간 중 1997년, 2000년, 2008년의 3년은 40퍼센트가 넘는 손실이 발생했다. 1장의 여러 시나리오에서 가정한 손실의 크기와 빈도가 실제로 발생 가능하다는 구체적인 증거다. 물론 40퍼센트가 넘는 수익이 발생한 해도 1998년, 1999년, 2005년, 2009년으로 네 번 있었다.

[표 2.1]에 나온 20년간의 연간퍼센티지수익률 평균은 얼마나 될까? 계산해보면 11.4퍼센트가 나온다. 매년 평균 수익률인 11.4퍼센트를 얻었다고 가정할 때, 1996년 말 1억 원의 돈은 2016년 말에 얼마

연도	'97	'98	'99	'00	'01	'02	'03	'04	'05	'06
수익률	-42.2%	49.5%	82.8%	-50.9%	37.5%	-9.5%	29.2%	10.5%	54.0%	4.0%
연도	'07	'08	'09	'10	'11	'12	'13	'14	'15	'16
수익률	32.3%	-40.7%	49.7%	21.9%	-11.0%	9.4%	0.7%	-4.8%	2.4%	3.3%

[표 2.1] 1996년 말부터 2016년 말까지 코스피의 연간퍼센티지수익률

가 돼야 할까? 1.114를 20제곱하고 거기에 1억 원을 곱한 결과는 8.65억 원이다. 실제로는 어땠을까? 1996년 말 651.22였던 코스피는 2016년 말 2026.46을 기록했다. 20년 동안 8.65배가 아니라 3.11배 증가에 그쳤다는 뜻이다. 말하자면 연간퍼센티지수익률 평균은 실제보다 2.8배 과장되게 자산 증가를 예측했다.

단기 퍼센티지수익률이 장기수익률을 올바르게 예측하지 못한다는 예를 하나만 더 들도록 하자. [그림 2.1]에 나타낸 어떤 자산의 가격변동을 살펴보자. 첫날 가격은 100이고, 둘째 날의 가격은 200이다. 따라서 일간 퍼센티지수익률은 (200-100)/100으로서 100퍼센트다. 반면, 셋째 날에는 다시 첫째 날 가격과 같은 100으로 떨어졌다. 이 경우 일간퍼센티지수익률은 (100-200)/200이라, -50퍼센트다.

100퍼센트와 -50퍼센트의 두 일간수익률의 평균은 25퍼센트다. 즉, 평균적으로 위 자산에는 매일 25퍼센트의 수익률이 발생했다. 그러나 2일의 전체 기간에 대한 장기수익률은 계산해보면 0퍼센트다. 처음가격과 나중가격이 모두 100으로 같기 때문이다. 다시 말해 단기 퍼센티지수익률 평균으로 장기수익률을 올바르게 예측할 재간이 없다.

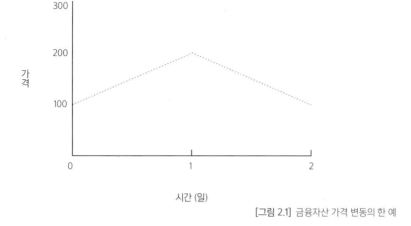

[그림 2.1] 금융자산 가격 변동의 한 예

하지만 위 문제에 대한 해결책이 없지는 않다. 이제 그 방법에 대해 알아보자.

해결책의 첫 단추로 수익률의 본질에 대해 생각해보자. 수익률이란 결국 처음가격과 나중가격 사이의 일정한 관계다. 퍼센티지수익률은 그중 하나일 뿐, 유일한 선택은 아니라는 얘기다. 처음가격과 나중가격이 주어졌을 때 일관된 계산이 가능한 함수라면 수익률로 사용할 수 있다. 예를 들어 나중가격을 처음가격으로 나눈 값을 a라고 할 때, (a^2-1)과 같은 식도 일관된 계산은 가능하다.

이제 아래와 같이 정의된 수익률을 생각해보자.

$$\text{로그수익률} = \ln\left(\frac{\text{나중가격}}{\text{처음가격}}\right) = \ln(\text{나중가격}) - \ln(\text{처음가격})$$

위의 ln은 로그함수의 밑이 자연상수 e인 자연로그다. 혹시 자연로그가 뭔지 잘 몰라도 너무 당황할 필요는 없다. 자연로그는 입력값을 주면 그에 정확히 대응되는 출력값을 토해내는 일대일 함수다. 즉,

자연로그는 위에서 언급한 것처럼 한 쌍의 처음가격과 나중가격이 주어졌을 때 일관된 계산이 가능한 한 예다. 퍼센티지수익률이 나중가격과 처음가격 비율에서 1을 뺀 값이라면, 로그수익률은 나중가격과 처음가격 비율에 자연로그를 취한 값이다.

로그수익률에는 여러 가지 장점이 있다. 가령 나중가격과 처음가격이 같을 때 로그수익률은 0이다. 이는 로그수익률이 수익률로서 건강한 성질을 갖고 있음을 보여준다. 발생 수익이 없음에도 불구하고 0이 아닌 수익률이 나온다면 여러모로 혼란스럽다. 하지만 로그수익률을 사용할 경우 그런 걱정은 없다. 또한 나중가격이 처음가격보다 큰 경우 로그수익률은 양수로, 나중가격이 처음가격보다 작은 경우 음수로 계산된다. 이 또한 우리의 직관에 어울리는 특성이다.

하지만 뭐니 뭐니 해도 로그수익률의 가장 큰 장점은 단기수익률로부터 장기수익률을 "오류 없이" 완벽하게 구할 수 있다는 점이다. 실제로 그런지 1장에 나왔던 예로써 확인해보자. 다시 말해 연간수익률로부터 10년의 최종누적수익률을 구할 수 있는지 알아보자.

먼저 '안전'을 보자. 원금 1에서 시작해 매년 1퍼센트 수익률을 꾸준히 얻으면 10년 후 1.105로 불어난다. 즉, 10년 기간에 대한 로그수익률은 $\ln(1.105/1)$로서, 그 값은 0.0995다. 여기서 한 가지 기억해야 할 사항이 있다. 0.0995라는 로그수익률을 두고 9.95퍼센트라고 바꿔 쓸 수 없다는 점이다. 왜냐하면 0.0995는 로그함수의 결과값일 뿐 백분율로 구한 값이 아니기 때문이다. 즉, '퍼센트'라는 표현은 퍼센티지수익률에 한해 사용돼야 한다.

그 다음, 연 1퍼센트 수익률이 로그수익률로 얼마인지 구해보자. $\ln(1.01/1)$은 0.00995다. 0.00995의 로그수익률을 10년간 계속해서 얻었을 경우, 누적수익률은 0.00995를 열 번 더한 0.0995다. 즉,

0.0095에 10을 곱한 값과 같다. 그런데 이 값은 바로 위에서 구해놓은 10년 로그수익률과 정확히 일치한다.

다른 예를 하나 더 보자. '6%'의 경우, 10년이 경과하면 원금 1이 0.879로 줄었다. 따라서 10년 기간에 대한 로그수익률은 $\ln(0.879/1)$로서 -0.1284다. 즉, 로그수익률이 음수라는 결과를 보자마자 10년 뒤에 손실이 나리라는 사실을 깨달을 수 있다.

이제 15퍼센트 연간수익률을 9번 얻고 75퍼센트 손실이 한 번 발생했을 때, 연간로그수익률의 합이 -0.1284와 같은지를 확인해 보자. $\ln(1.15/1)$은 0.1398이고 $\ln(0.25/1)$은 -1.3863으로서, $9 \times \ln(1.15/1) + \ln(0.25/1)$을 계산해보면 정확히 -0.1284가 나온다.

결론적으로, 장기간에 대한 로그수익률은 단기간 로그수익률을 모두 더한 값과 언제나 같다. 이는 수학적으로 쉽게 증명할 수 있는 사실이다. 다시 말해 이러한 관계가 성립하지 않는 반례는 아예 존재하지 않는다.

퍼센티지수익률과는 달리 로그수익률의 평균은 의미가 있다. 가령 '안전'의 연간로그수익률 평균은 0.00995다. 반면, '위험'의 경우 연간로그수익률 평균이 0.00824고, '6%'는 -0.01284다. 말하자면 로그수익률 평균이 높은 쪽이 궁극적으로 더 불어난다. "평균수익률이 높으면 결국 좋다."는 말을 꼭 하고 싶었다면, 금융의 기본 수익률로 퍼센티지수익률이 아닌 로그수익률을 썼어야 한다는 얘기다.

정리하자면 이렇다. 하나의 짧은 단위기간에 대한 수익만 신경 쓸 거라면 퍼센티지수익률을 써도 큰 지장은 없다. 하지만 그러한 단위기간들이 이어진 장기누적수익률에 관심을 가질 거라면 로그수익률 외에 다른 대안은 없다. 이 경우 퍼센티지수익률은 여러분을 현혹할 뿐이다. 단기와 장기 중에 하나를 골라야 한다면 무엇을 가져야 할까? 개미와 베짱이의 우화를 생각해보면 답은 뻔하다.

　로그수익률에는 아무런 약점이 없을까? 굳이 대라면, 암산이 불가능하다는 게 유일한 약점일 듯싶다. 다시 말해 로그수익률을 구하려면 계산기나 엑셀 같은 프로그램이 필요하다. 요즘처럼 컴퓨터가 흔하디흔한 시대에 이게 정말로 문제가 될까? 과거엔 문제였을지 몰라도 지금은 아무런 문제도 아니다.

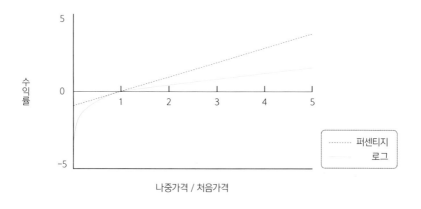

[그림 2.2] 나중가격과 처음가격 비율에 대한 로그수익률과 퍼센티지 수익률의 비교

　금융이론은 대략 20세기 중반인 1950년대에 정립되기 시작했다. 그때만 해도 컴퓨터란 무기 개발에나 쓸 수 있는 귀하디귀한 물건으로서 그 시절 모든 계산은 사람이 직접 했다. 컴퓨터라는 단어 자체가 계산을 직접 수행하던 사람을 지칭하던 때였다. 게다가 로그함수값을 구하려면 두꺼운 책을 뒤져 관련된 표를 찾아봐야 했다. 그래서 손으로 계산하기 간편한 퍼센티지수익률의 안경을 끼고 세상을 바라봤던 것이다. 자산가격 변동이 크지 않으면 로그수익률과 퍼센

티지수익률 간 차이가 크지 않다는 말로써 내면의 죄책감을 달래면서 말이다.

하지만 지금이 어떤 시대인가? 일단 자산가격 자체가 다 컴퓨터에 데이터베이스로 저장돼 있다. 개별 수익률 계산과 수익률의 통계 분포 또한 컴퓨터를 통해 구한다. 그렇다면 계산의 어려움이라는 측면에서 로그수익률과 퍼센티지수익률은 서로 다를 게 없다. 그럼에도 불구하고 20세기의 구시대적 유물인 퍼센티지수익률을 아직도 가르치고 쓴다.

금융에서 장기적 관점이 중요하다고 얘기하면서 퍼센티지수익률을 버젓이 사용함은 논리적 모순이자 자가당착이다. 21세기 금융에 퍼센티지수익률이 설 자리는 없다.

3

평균적 투기자는
평균 수익을 얻게 되나?

이제 여러분은 퍼센티지수익률 평균으로는 아무것도 할 수 없음을 알게 되었다. 또한 로그수익률의 시간적 평균을 알면 최종자산 크기를 정확하게 구할 수 있음도 알게 되었다.

물론 과거 로그수익률의 평균 계산과 미래 로그수익률의 예측은 별개 문제다. 오죽하면 외국에서 펀드 등 금융상품을 홍보할 때, "과거 성과는 미래 결과를 나타내지 못합니다."나 혹은 "과거 성과는 미래 결과를 보장하지 않습니다."와 같은 문구를 반드시 포함하도록 했겠는가. 미래 수익률이 어떨 거라고 예측하는 일은 정말이지 용감하기 짝이 없는 일이다.

그렇더라도 예측은 불가피하다. 금융은 본질적으로 미래에 대한 일이다. 그리고 인간은 미래에 대한 막연한 낙관적 기대 없이는 살아갈 수 없는 존재다. 판도라의 상자에서 제일 마지막에 빠져나왔다는 '희망'이 없다면 무슨 낙으로 살아가랴.

예측을 피할 수 없다면 반 취약하게 행해야 한다. 점쟁이처럼 한 가지 일이 "반드시" 일어난다고 기대해서는 곤란하다. '앞으로 매년 0.05의 평균 로그수익률이 꼭 발생할거야!' 하는 생각은 유아적 태도다. 그보다는 '평균 로그수익률이 0.05라면 어떻게 될까? 그런데 0.05 대신 −0.05가 돼도 내가 견뎌낼 수 있을까?' 하는 시나리오 플래닝의 관점으로 접근할 일이다.

지금까지 해온 얘기를 전제한 상태에서 새로운 문제를 들여다보자. 바로 "평균적인 투기자는 평균 수익을 거둘 수 있나?" 하는 문제다. 평균 수익이라는 표현을 썼지만 장기로그수익률의 예상치 혹은 최종자산의 기댓값으로 이해해도 무방하다. 위 문제에 대해 금융업계는 암묵적으로 "그렇다."고 얘기하고 있다.

위 문제에 관련된 다른 질문을 던져보자. 첫 번째 질문은 "내가 보통의 투기자라고 할 때, 예상 장기로그수익률 이상의 수익을 거둘 확률이 얼마나 될까?"다.

여기서 나는 한 가지 용감한 가정을 하려 한다. 바로 장기간에 대해 실제로 발생하는 연간로그수익률 평균이 내 예상과 전혀 다르지 않다는 가정이다. 예를 들어 연간로그수익률이 평균적으로 0.05라고 예상했다면 실제로도 정확히 그렇게 된다는 얘기다. 당연히 이런 가정은 비현실적이다. 그러나 생각실험 차원에서 '그러한 일이 벌어진다면 어떻게 될까?'에 초점을 맞추도록 하자.

직관적으로 생각해보면 위 첫 번째 질문에 대한 답은 50퍼센트일 것 같다. 예상 장기로그수익률이란 일종의 평균일 테고, 평균을 중심으로 확률이 반반으로 나뉠 것 같아서다. 과연 그러한지 차근차근 따져보자.

이를 알아보려면 먼저 자산가격 변동을 표현할 수 있는 모형이 필요하다. 여기선 단순한 이항나무 모형을 가정하자. 이항나무란 자산가격이 단위기간마다 일정한 비율로 오르거나 혹은 내린다고 가정한 모형이다. 이항나무를 구성하는 단위기간은 연간으로 정하자. 전체 기간은 20년으로 하자.

이해하기 쉽도록 우선 연간로그수익률 평균은 0이라고 가정하자. 이는 1년이 지난 후 자산가격 기댓값이 현재의 자산가격과 같다는 얘기다. 이 말이 약간 어렵게 들릴 수도 있으므로 구체적인 숫자를 가지고 설명해보자.

먼저 현재 자산가격을 1이라고 하자. 다음, 매 1년이 지날 때마다 자산가격이 똑같이 30퍼센트씩 오르거나 내린다고 하자. 오르거나 내릴 확률도 각각 50퍼센트로 같다고 하자.

이 경우 1년 후 자산가격은 어떻게 될까? 현재 자산가격 1에서 30퍼센트 오르거나 내리니, 1.3 아니면 0.7이 된다. 따라서 1년 뒤 자산가격 기댓값은 (1.3+0.7)/2가 되어 1이다. 즉, 위처럼 매 1년마다 자산가격이 변할 경우 연간로그수익률 기댓값은 가정한 대로 0이 나온다.

방심하다 범할 수 있는 실수 한 가지를 미리 지적하자. 연간로그수익률 기댓값을 엉뚱하게 구하는 경우다. 자산가격이 30퍼센트 오를 때 로그수익률은 ln(1.3/1)로 그 값은 0.2623이다. 또한 30퍼센트 내릴 때 로그수익률은 ln(0.7/1)로 -0.3567이다. 각각의 경우 확률이 50퍼센트로 같으므로 평균 내면 -0.0472가 나온다. 이걸 로그수익률 기댓값이라고 착각하는 경우다.

'어, 이것도 잘못 구한 건 아니지 않나?' 하고 생각하는 독자가 분명히 있을 것 같다. -0.0472를 계산한 과정은 물 흐르듯 자연스럽게 느껴진다. 하지만 이는 오류다. 왜 오류인지 설명해보자.

위에서 0이 계산됐을 때와 -0.0472가 계산됐을 때의 차이는 자산가격이 먼저냐 아니면 로그수익률이 먼저냐의 차이다. 0을 계산했을 때는 자산가격 기댓값을 먼저 구하고 그런 후 그 기댓값에 대해 로그수익률을 구했다. 반면, -0.0472를 얻었을 때는 개별자산가격에 대한 로그수익률을 먼저 구한 뒤 그 로그수익률에 대한 평균을 구했다. 이러한 순서의 역전이 값의 차이를 낳았다.

그렇다면 자산가격이 먼저인가 아니면 로그수익률이 먼저인가를 고민해보자. 조금만 생각해보면 자산가격이 먼저고, 그로부터 로그수익률이 파생되어야 함을 깨달을 수 있다. 그러니까 자산가격에 대해 평균을 구하고 그 평균에 대한 로그수익률을 구할 순 있어도, 각각의 자산가격에 대한 로그수익률을 먼저 구한 뒤 그 로그수익률들의 평균을 구하면 안 된다는 얘기다.

써놓고도 절로 한숨이 나온다. '어렵다.'고 느낀 나머지 책 읽기를 중단할 독자들이 눈에 선해서다. 그렇다고 얘기를 안 할 수도 없다. 원래 몸에 좋은 약은 입에 쓰기 마련이라는 사실을 떠올려주시길. 그만큼 여러분의 금융 구사력은 더욱 강건해진다.

로그수익률에 대한 오해를 막기 위해 수능 참고서 수준으로 정리해보자. 로그수익률은 시간에 대해 평균해도 문제가 없다. 이때 로그수익률들은 각각의 단위기간을 대표한다. 반면, 로그수익률을 하나의 단위기간 내에서 공간적으로 평균하면 안 된다. 위 이항나무에서 오른 로그수익률과 내린 로그수익률을 직접 평균하는 경우가 그런 예다.

이로써 첫 번째 질문에 대한 답을 구할 기본적인 준비는 끝났다. 이제 이항나무를 확장해 20년 기간에 대한 가격분포를 얻어야 한다. 원리는 간단하다. 1년 말에 1.3과 0.7의 두 자산가격이 가능하다. 그

각각으로부터 또다시 동일한 원리를 적용해 이항나무를 뻗는다. 다시 말해 1년 말에 1.3이었다면 2년 말에는 1.3×1.3인 1.69와 1.3×0.7인 0.91이 발생 가능하다. 또한 1년 말에 0.7이었다면 2년 말에는 0.7×1.3인 0.91과 0.7×0.7인 0.49가 나올 수 있다. 이 과정을 20년 말이 될 때까지 계속하면 된다.

가격	확률	가격	확률	가격	확률
190.05	0.0001%	2.49	7.4%	0.03	3.7%
102.33	0.002%	1.34	12.0%	0.02	1.5%
55.10	0.02%	0.72	16.0%	0.01	0.5%
29.67	0.1%	0.39	17.6%	0.005	0.1%
15.98	0.5%	0.21	16.0%	0.003	0.02%
8.60	1.5%	0.11	12.0%	0.002	0.002%
4.63	3.7%	0.06	7.4%	0.001	0.0001%

[표 3.1] 연간로그수익률이 0일 때 20년 후 자산가격과 확률

〔표 3.1〕은 20년 후 자산가격 분포를 정리한 결과다. 총 21가지 자산가격과 각 경우에 해당하는 확률도 같이 나타냈다. 이 둘을 곱해서 다 더하면 20년 후 자산가격의 기댓값, 즉 평균을 구할 수 있다. 계산해보면 정확히 1이 나온다. 〔표 3.1〕의 값으로 계산하면 자산가격 평균이 1.004742로 계산되고 확률의 합도 100.04%로 1보다 조금 크다. 이는 표에서 가격과 확률을 반올림해 나타내면서 생긴 오차로 무시해도 된다.

다시 말해 20년 후 자산가격 기댓값은 1이며, 따라서 20년간 누

적로그수익률 또한 0이다. 이러한 결과는 결코 놀랍지 않다. 왜냐하면 연간로그수익률 평균을 앞에서 0으로 가정했기 때문이다. 0에 20을 곱해봐야 0밖에 나올 수 없음은 당연한 일이다. 이항나무에 의한 장기로그수익률 평균이 예상대로 구해졌다는 점에서 〔표 3.1〕의 가격 분포와 확률이 아주 터무니없지 않다고 짐작할 만하다.

이제 "내가 보통의 투기자라고 할 때, 예상 장기로그수익률 이상 수익을 거둘 확률이 얼마나 될까?"라는 첫 번째 질문에 대한 답을 구할 차례다. 〔표 3.1〕만 있으면 얼마든지 그 값을 구할 수 있다. 예상 장기로그수익률은 0이며, 자산가격으로는 1이다. 따라서 표에서 자산가격이 1 이상인 경우에 해당하는 확률을 모두 더하면 된다. 구해보면 25.2퍼센트가 나온다. 50퍼센트의 반밖에 되지 않는다. 반대로, 원금이었던 1보다 줄어들 확률은 74.8퍼센트다. 돈이 줄어들 확률이 늘어날 확률의 무려 세 배다. 다시 말해 이 질문에 대한 우리의 직관은 틀렸다.

관련된 두 번째 질문을 던져보자. "우리나라 국민 5천만 명이 모두 20년간 돈을 넣었을 때, 그중 몇 퍼센트나 평균로그수익률 이상으로 수익을 거둘까?"다. 답은 쉽다. 위와 똑같은 25.2퍼센트다. 그 말은 나머지 약 75퍼센트는 돈을 잃는다는 얘기다. 이런 걸 하려고 할 때 내가 하위 75퍼센트에 속하지 않을 근거가 무엇인지 심사숙고할 필요가 있다.

관점을 조금 달리한 다음 세 번째 질문에 답해보자. 질문은 "금융에 관한 운이 평균 수준인 사람이 20년 후 예상 로그수익률 평균을 얻게 될까?"다. 대답은 "그다지 별로."다. 평균적인 운을 가진 사람이라면 〔표 3.1〕에서 가장 확률이 큰, 즉 최빈값이면서 동시에 중간값에 해당하는 구간에 속한다. 실제로 분포의 가운데로 올수록 확률이 올라가고 양 끝단으로 갈수록 확률이 줄어듦을 표에서 확인할 수 있다. 그런데 그 구간의 자산가격은 고작 0.39다. 아래위로 구간을 하나씩 늘려도 0.21에서 0.72 사이에 그친다. 이 세 구간 중 하나에 속할 확률은 약 50퍼센트다. 웬만하면 로그수익률 평균에 한참 못 미치는 수익, 즉 손실을 본다는 얘기다.

그게 전부가 아니다. 원금의 약 90퍼센트 이상을 잃는 사람 비율은 물경 25퍼센트에 달한다. 요약하자면 4명 중 1명은 돈을 벌지만, 중간 2명은 돈을 잃고, 바닥 1명은 돈을 아주 많이 잃는다. 금융의 민낯은 이처럼 냉정하다.

물론, 반론이 있을 수 있다. 연간로그수익률 평균이 0보다는 실제로 더 크지 않냐는 주장이 한 예다. 연간로그수익률이 0보다 크다면 위 결론이 바뀔지도 모른다. 과연 그런지 한번 알아보자.

연간로그수익률 기댓값이 0보다 큰 경우도 이항나무 모형을 쓸수 있다. 하지만 조금 보정을 해줘야 한다. 왜냐하면 단위기간이 지난후 단위기간 로그수익률만큼 자산가격 평균이 변해야 하기 때문이다. 참고삼아 아래에 그 식을 썼다. 수식에 관심이 없는 독자라면 그냥 지나쳐도 무방하다.

$$\text{n번째 자산가격} = \text{n−1번째 자산가격} \times e^{\text{n번째 로그수익률}} \times (1 \pm \text{단위기간가격변동률})$$

〔표 3.2〕는 연간로그수익률이 0.04일 때 20년 후 자산가격 분포를 나타낸 표다. 연간가격변동률 30퍼센트는 그대로 유지했다. 표를 보면 알 수 있듯이, 확률은 변함이 없다. 왜냐하면 오르거나 내릴 확률은 똑같이 50퍼센트기 때문이다. 달라지는 대상은 자산가격뿐이다.

가격	확률	가격	확률	가격	확률
422.96	0.0001%	5.55	7.4%	0.07	3.7%
227.75	0.002%	2.99	12.0%	0.04	1.5%
122.63	0.02%	1.61	16.0%	0.02	0.5%
66.03	0.1%	0.87	17.6%	0.01	0.1%
35.56	0.5%	0.47	16.0%	0.006	0.02%
19.15	1.5%	0.25	12.0%	0.003	0.002%
10.31	3.7%	0.14	7.4%	0.002	0.0001%

[표 3.2] 연간로그수익률이 0.04일 때 20년 후 자산가격과 확률

연간로그수익률이 0.04라면, 20년 로그수익률은 20을 곱한 0.8이다. 이로부터 20년 후 자산가격 평균을 구하면 2.23이 나온다. 〔표 3.2〕에 나온 개별자산가격과 확률로 계산해도 같은 결과를 당연히 얻을 수 있다.

이제 앞에서 내린 결론이 달라지는지 살펴보자. 물론 구체적인 숫자는 변했다. 아까는 20년 뒤 자산가격 평균이 1인 반면 이제는 2.23이다. 하지만 자산가격 평균, 즉 장기로그수익률 기댓값을 기준으로 그보다 더 큰 수익을 거둘 확률이 얼마나 되나 등 질문에 대한 답은 정확히 아까와 똑같다. 평균수익률 이상을 거둘 확률은 25퍼센트 정도고, 나머지 75퍼센트는 평균수익률에 못 미치는 수익 혹은 손실에 그친다. 운이 평균 수준인 사람의 자산가격은 0.87밖에 안 된다. 평균 연간로그수익률이 0.04나 되고, 20년간 수익이 복리로 쌓였음에도 불구하고 말이다. 다시 말해 금융시장 전체가 평균적으로 수익을 봤다고 해도 평균적인 사람들은 손실에 허덕이기 마련이다. 그게

금융의 실제 원리다.

〔표 3.2〕로부터 "천만 원으로 시작해서 백억 원대의 자산가가 됐어요." 하는 주장에 대한 통찰도 얻을 수 있다. 1억 원의 원금으로 시작해서 20년이 지나면 400억 원이 넘는 재산을 가진 사람도 나온다. 다만, 매우 드물다. 5천만 명이 했다면 단 50명만 그런 행운을 누릴 따름이다. 즉, 불가능하진 않지만 누군가 했다고 나도 그렇게 되리라고 기대했다간 물 먹기 십상이다.

〔표 3.1〕과 〔표 3.2〕에서 얻을 수 있는 마지막 통찰은 많은 사람이 관련될 경우, 평균보다는 중간값이나 최빈값이 훨씬 의미가 있다는 점이다. 어떤 집단에서 개인재산 평균이 100억 원이라고 하면 꽤 그럴싸하게 들린다. 그런데 9,999명의 무일푼과 100조 원의 재산을 가진 빌 게이츠가 구성원이라면 전혀 다른 얘기다. 있는 그대로 드러내기보다는 시장 전체수익률 같은 평균 성격의 지표를 통해 실상을 호도하는 현실도 마찬가지다. 잘못된 안경을 끼면 잘못 볼 수밖에 없다.

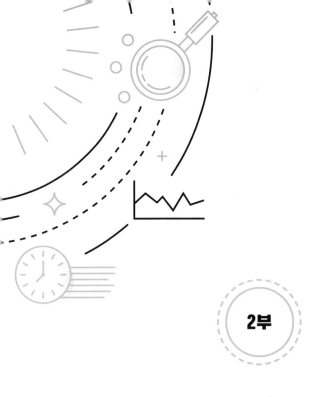

2부

투기자 리스크

4

수익률 표준편차가 크면
리스크가 크다고?

통계지표를 편하게 느끼는 사람은 많지 않다. 그나마 평균은 나은 편이다. 값을 다 더해서 개수로 나눈다는 평균 개념은 직관적으로 이해하기 쉽다. 그에 비하면 표준편차는 외계어처럼 느껴진다. 설명하기도 쉽지 않고 계산하기도 뭔가 부담스럽다. 책을 쓰는 입장에서 '표준편차'나 '분산' 같은 단어는 할 수만 있다면 피하고 싶은 단어들이다. 그런데 어쩌랴. 안타깝게도 피하려야 피할 수가 없다. 리스크에 대한 얘기를 해야 하기 때문이다.

원래 영어 단어인 리스크는 '위험'을 뜻한다. 금융의 투기에는 반드시 리스크, 즉 위험이 따른다. 리스크가 없는 금융은 생각조차 할 수 없다. 20세기 금융론, 이른바 현대재무론도 바로 리스크를 정의하면서 출발했다. 금융에서 리스크가 갖는 중요성을 생각하면 충분히 이해할 만하다. 다시 말해 리스크는 금융에서 너무나 본질적이다.

여기서 잠깐, 금융업계가 자주 하는 다음 말들을 고려해보자.

"수익률 표준편차가 클수록 리스크가 커지죠."

"변동성이 작기 때문에 안전합니다."

이들에 의하면 금융의 리스크는 바로 수익률 표준편차다. 공식적으로 그렇게 정의돼 있다. 따라서 이번 장 제목에 대해 이들은 "그렇다."고 대답한다. 수익률 표준편차가 크면 리스크가 크다. 반대로 수익률 표준편차가 작으면 리스크가 작다. 표준편차의 크기는 곧 리스크의 크기다.

위에서 '변동성'이라는 낯선 단어가 하나 나왔다. 변동성은 수익률 표준편차를 가리키는 금융용어다. 영어의 volatility는 사실 '휘발도'나 '변덕스러움', 혹은 '불안정함'으로 번역하는 게 일반적이다. 나는 변동성보다는 휘발도나 불안정성이 더 적절한 번역이라고 생각한다. 아무튼 중요한 사실은 변동성, 리스크 그리고 수익률 표준편차는 이름만 다를 뿐 전적으로 동일한 대상으로 간주한다는 점이다.

그렇기에 리스크를 다른 방식으로 정의하지 않는 한, "변동성이 크면 리스크가 크다."는 말을 부정할 방법은 없어 보인다. 나는 아직 리스크를 정의하지 않았다. 리스크에 대한 정의는 다음 장인 5장에서 다룰 예정이다. 그 전인 이번 장에서는 여러분의 상식적인 판단을 구해볼 생각이다. 리스크를 수익률 표준편차로 정의하는 게 타당한 일인지 판단해달라.

첫 번째 시금석으로 다음 두 경우를 비교해보자. 첫 번째 경우 변동성이 0이다. 완벽하게 꾸준한 수익률이 발생했다는 뜻이다. 두 번째 경우 변동성이 0.05다. 어느 쪽이 더 위험할까? 숫자만을 놓고 보면 말할 필요도 없이 후자가 위험해 보인다. 실제로도 그런지 확인해보자.

〔그림 4.1〕은 위 두 경우에 해당하는 특정 사례를 비교한 그래프다. 변동성이 0인 경우에 해당하는 점선에서 날마다 로그수익률은 정확히 똑같다. 따라서 변동성은 당연히 0으로 계산된다. 하지만 그 결과, 1년 후에는 −0.05의 연간로그수익률을 기록한다. 다시 말해 손실을 본다.

반면, 변동성이 0.05인 실선의 경우, 가격은 등락을 거듭한다. 가격과 수익률의 안정성은 높지 않다. 그러나 결과적으로 1년 후에 0.05가 넘는 연간로그수익률을 달성한다. 여러분은 어느 쪽이 더 위험하다고 느끼는가? 혹은 어느 시나리오가 더 두려운가?

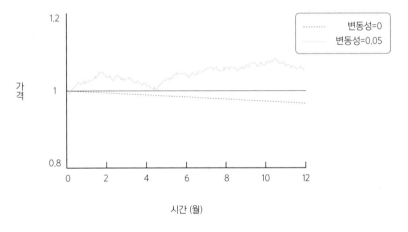

[그림 4.1] 변동성이 0일 때와 0.05일 때의 비교

물론 항상 〔그림 4.1〕처럼 되진 않는다. 똑같은 연간로그수익률 0.05와 변동성 0.05를 가정해도 〔그림 4.2〕처럼 나오는 경우도 간혹 발생한다. 이 경우 1년 로그수익률은 변동성 0인 경우보다도 못하다.

내가 지적하고 싶은 첫 번째 사항은 이렇다. 수익률 표준편차만

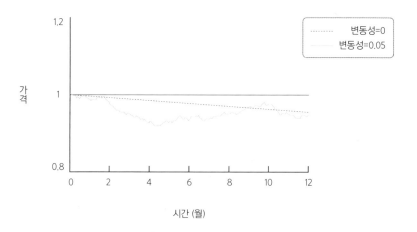

[그림 4.2] 연간로그수익률의 기대값이 0.05고 변동성이 0.05인 또 다른 경우

으론 위험에 대한 상식적인 판단을 이끌어내기에 역부족이다. 리스크가 변동성이라면 가장 안전한 상태는 변동성이 0인 경우다. 그렇지만 평균수익률이 음수인 상황에선 낮은 변동성은 오히려 독이 될 뿐이다. 즉, 변동성에 대한 기계적인 비교는 불완전하며 사실을 호도하기 쉽다.

　재무론에 익숙한 사람이라면 금방 다음과 같은 반론을 펼 테다. 변동성이 낮은 게 좋다는 의미는 "기대수익률이 같을 때"에 한해서 성립하는 말이다. 실제로 교과서엔 기대수익률이 같다면 변동성이 낮아야 더 좋고, 변동성이 같다면 기대수익률이 높아야 더 좋다고 돼 있다. 말하자면 위 그림에서 행한 비교는 기대로그수익률이 서로 다르기 때문에 무의미하다는 얘기다.

　위 교과서 주장이 옳은지 여부와는 별개로, 변동성만 갖고는 리스크에 대한 의미 있는 논의가 어렵다는 사실에 여러분이 주목했다면 내 일차 목표는 달성된 셈이다. 변동성과 기대수익률이 모두 개별

로그수익률에서 나옴을 생각하면 당연하다. 이를테면 개별 로그수익률 평균이 기대수익률이고 표준편차가 변동성이다. 평균 로그수익률에 대한 고려 없는 변동성은 반쪽짜리다. 어쩌면 반쪽조차 미달할지도 모른다.

이제 두 번째 시금석을 살펴보자. 우선 위 지적대로 평균 연간로그수익률이 같다고 가정하고 그 값을 0.01로 하자. 세 가지 경우를 비교할 예정인데, 첫 번째는 변동성이 0인 경우다. 즉, 매년 똑같은 0.01의 로그수익률이 발생한다. 이는 [그림 4.3]의 가운데 선에 해당한다. 1장에 나왔던 '안전'과 비슷하지만 퍼센티지수익률이 아닌 로그수익률로 정의됐다는 차이가 있다. 투기기간도 1장과 비슷하게 10년으로 하자.

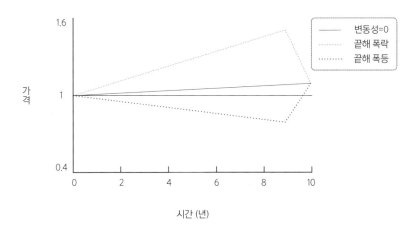

[그림 4.3] 평균로그수익률이 같지만 변동성이 다른 경우

두 번째는 매년 0.05의 로그수익률을 얻다가 10년째에 −0.35의 손실을 보는 경우다. 손실률도 당연히 로그로 표현했다. 꾸준히 수익

을 얻다가 마지막에 망가지는 상황인 이 경우를 '끝해 폭락'이라고 부르자. 〔그림 4.3〕에서 세로로 나타낸 '끝해 폭락'의 평균 연간로그수익률은 0.01로 첫 번째 경우와 같다. 연간변동성을 계산해보면 0.1265다. '끝해 폭락'은 1장에 나온 '위험'과 개념적으로 유사하다.

세 번째는 매년 -0.03의 로그손실률을 기록하다가 10년째에 0.37의 로그수익률을 얻는다. 조금씩 손실을 내다가 한 번에 모든 것을 만회하는 경우로 '끝해 폭등'이라고 부르자. 〔그림 4.3〕에서 아래쪽 선인 '끝해 폭등'의 평균 연간로그수익률도 앞 두 경우와 마찬가지로 0.01이다. 또한 변동성도 '끝해 폭락'과 같은 0.1265다.

먼저 '끝해 폭등'과 '끝해 폭락'을 비교해보자. 여러분이 보기엔 어느 쪽이 더 위험한가? '끝해 폭등'이 '끝해 폭락'보다 더 위험하다고 생각하는 사람이 있을 것 같다. 〔그림 4.3〕을 보면 '끝해 폭등'은 9년 내내 손실을 보다가 1년만 수익을 냈다. 그에 비하면 '끝해 폭락'은 10년 내내 원금보다 돈이 불어 있다. 즉, 전체 기간 중 수익 발생 기간이 얼마나 기냐가 위험도 판단에 영향을 준다는 관점을 가지면 더 위험한 쪽은 '끝해 폭등'이다.

반면, 폭락과 폭등이 발생되는 시점이 10년째가 아니고 1년째라면 둘 간 우열이 달라진다. 〔그림 4.4〕에서 볼 수 있듯이, 첫해 폭락은 처음 7년 동안 원금손실이다가 8년째에야 원금을 회복한다. '첫해 폭등'은 10년 내내 원금보다 크다. 즉, 폭등과 폭락이 발생하는 시점이 언제냐에 따라 중도에 원금손실을 겪는 기간이 달라진다. 하지만 수익률 표준편차로 정의된 리스크 관점에서 '첫해 폭락', '첫해 폭등', '끝해 폭락', '끝해 폭등'은 전적으로 같다. 이러한 차이를 인식할 수 없는 변동성을 리스크로 받아들여도 괜찮을까?

그게 다가 아니다. 중간의 성과는 아무래도 상관없고 오직 10년

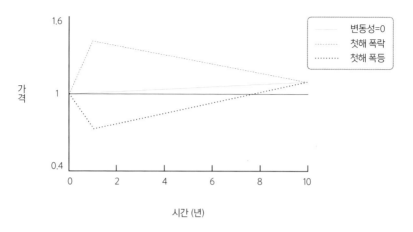

[그림 4.4] 폭락과 폭등이 첫해에 발생하는 경우

뒤 성과만이 문제된다고 해보자. 10년 후 은퇴가 예정된 경우로 이해해도 될 듯하다. 만약 그렇다면 변동성은 있으나 마나다. 변동성이 크든 작든 10년 후 정확히 같은 자산이 된다면 말이다. 물론 변동성이 클수록 수익률이 중간에 더 출렁거릴 순 있다. 하지만 10년 후 자산만 문제되는 상황에서 출렁거림이 반드시 더 위험하다는 주장은 무리다.

마지막으로 세 번째 시금석을 살펴보자. 여기서 나는 변동성이 커지면 오히려 덜 위험해지는, 다시 말해 더 좋아지는 사례 몇 가지를 제시하려 한다. "변동성이 커지면 리스크가 크다."는 공리적 주장에 반하는 아래 사례 중 공감이 가는 게 있는지 확인해보자.

첫째는 기대수익률이 음인 경우다. 기대수익률이 음인 경우, 변동성이 작을수록 손실을 볼 가능성이 좀 더 확실해진다. 차라리 이럴 때는 변동성에 힘입어 작은 확률로나마 수익 얻을 가능성을 높이는 게 덜 위험하다. 예를 들어 평균 연간로그수익률이 −0.01이라고 하

자. 변동성이 0이면 20년 후 1의 원금은 약 0.82로 줄어든다. 손실 확률은 100퍼센트다. 하지만 변동성이 0.05면 〔표 4.1〕처럼 20년 후 원금손실확률은 약 87퍼센트로 줄고, 변동성이 0.1이면 약 75퍼센트로 더 준다.

연간 변동성	0	0.05	0.1
20년 후 원금손실확률	100%	86.8%	74.8%

〔표 4.1〕 평균연간로그수익률이 −0.01일 때, 변동성 변화에 따른 20년 후 원금손실확률

둘째로 기대수익률이 양인 경우도 살펴보자. 가령 평균 연간로그수익률이 0.03이라고 하자. 이 경우 원금 1은 20년 후 약 1.82의 기댓값을 갖는다. 이때 내 목표가 최소 2.5의 자산을 달성하는 거라고 해보자. 이유는 그만큼 돈을 갚아야 하기 때문이라고 하자. 즉, 목표를 달성할 확률이 줄어들수록 더 위험하다.

연간 변동성	0	0.05	0.1	0.15
달성확률	0%	5.8%	13.2%	25.2%

〔표 4.2〕 평균연간로그수익률이 0.03일 때, 20년 후 2.5배 이상 자산을 가질 확률

〔표 4.2〕를 보면, 변동성이 0부터 커짐에 따라 달성확률이 증가한다. 이 과정엔 한계가 있다. 가령 0.3 이상이 되면 도로 달성확률이 줄어든다. 이를테면 변동성이 0.3보다 큰 영역에선 변동성이 커질수록 위험도 커진다. 그렇더라도 0.15 이하 영역에선 변동성이 커질수록 위험이 준다고 얘기할 만하다.

셋째로 내가 4명 중 1명에 해당하는 운이 좋은 사람이라고 가정

하자. 이 말을 상위 25퍼센트에 해당하는 결과를 얻을 수 있다는 뜻
으로 받아들이자. 평균 연간로그수익률이 일정한 양수라고 할 때, 변
동성이 커짐에 따라 20년 후 내 자산은 최소 얼마나 될까?

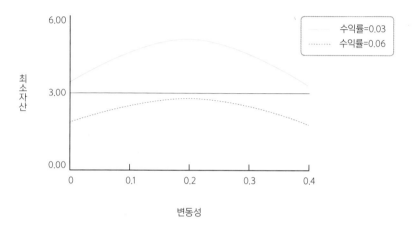

[그림 4.5] 상위 25퍼센트 운을 가진 사람의 20년 후 최소자산과 변동성

평균 연간로그수익률이 0.03일 때와 0.06일 때를 [그림 4.5]에 나
타냈다. 두 경우 모두 변동성이 0.2가 될 때까지는 최소자산이 커진
다. 대신 0.2보다 커지면 그때부턴 줄어든다. 변동성이 커질 때 최소
자산도 따라 커진다는 사실을 어떻게 이해해야 할까? 갖게 될 최소한
의 자산이 그만큼 늘었다는 뜻이니 위험이 줄었다고 볼 수도 있지 않
을까?

5

항해 수익의 변동과 배의 침몰 중
뭐가 리스크지?

수익률 표준편차와 리스크에 대한 우리의 직관이 완벽하게 일치하지 않음을 앞 장에서 살펴봤다. 이번 장에서는 리스크를 어떻게 정의해야 좋을지에 대해 얘기해보도록 하자. 본격적인 전개에 앞서 영감을 얻는 데에 도움이 될 다음 두 가지 상황을 다뤄보자.

첫 번째 상황에서 여러분은 대공포 사수다. 임무는 적 폭격기 격추다. 안타깝게도 여러분이 쏠 대공포는 재래식이다. 무슨 말이냐면 포탄의 유도나 자동조준 등이 없다는 뜻이다. 하늘 한 지점을 조준해서 쏘기는 하지만 조준한 대로 날아간다는 보장은 없다. 따라서 명중될지 아닐지는 오직 운에 달렸다. 즉, 성공 여부는 확실하지 않다.

확실하지 않다고 대공포를 쏘지 않을 수는 없다. 적기를 맞히지 못하면 잠시 후 폭격기가 떨어트린 폭탄에 내가 다치거나 죽는다. 그러니 일단은 쏘고 볼 일이다. 맞히면 다행이고 못 맞히면 죽을 각오해야 한다. 결과가 어떨지는 모른다.

이제 다음 객관식 질문에 답해보자. 대공포를 쏠 때 리스크는 무엇일까? 첫 번째 보기는 명중이 불확실하다는 사실이다. 두 번째 보기는 명중되지 않을 확률이 얼마라는 사실이다. 세 번째 보기는 명중시키지 못하면 폭탄에 내가 죽거나 다친다는 사실이다. 여러분은 세 보기 중 어느 게 정답이라고 생각하는가?

두 번째 상황은 이렇다. 제약회사에서 일하는 여러분은 치료가 어려운 병에 대한 신약 개발을 책임지고 있다. 새로 개발한 약은 용케 동물시험에서 효과를 보였다. 문제는 사람을 대상으로 한 이중맹검 시험이다. 이중맹검이란 약을 복용하는 환자와 처방한 의사 둘 다 약이 진짜인지 위약인지 모르게 한다는 뜻이다. 이렇게 해야 신약의 효과를 왜곡 없이 파악할 수 있다.

당연하게도, 새로 개발한 약의 효과는 예측이 불가능하다. 과거 경험은 아무런 도움이 되지 못한다. 그럼에도 불구하고 치료 확률을 추정해야 한다는 주장이 있을 수 있다. 혹은 그런 추정은 아무런 쓸모가 없다는 주장도 있다.

이제 또다시 객관식 질문을 던져보자. 신약 개발에 따른 리스크는 무엇일까? 첫 번째 보기는 효과가 불확실하다는 사실이다. 두 번째 보기는 효과 없을 확률을 추정한 값이다. 세 번째 보기는 효과가 없거나 부작용으로 인한 피해다. 여러분이 고른 정답은 어느 것일까?

위 두 질문에 대한 정답은 모두 세 번째 보기다. 그래야 리스크에 대한 상식적 판단과 동떨어지지 않는다. 금융에서만 다르게 정의돼야 할 이유는 없다.

왜 그런지 좀 더 설명해보자. 리스크라는 말은 원래 '해안선을 따라 항해한다'는 뜻이었다. 항해는 기본적으로 위험한 일이었다. 육지와 달리 거센 풍랑에 물고기밥이 되기 십상이었다. 해안선을 따라 항해했던 이유는 먼바다보다는 안전하다고 생각해서였다. 물론 여기에도 치명적인 위험이 도사리고 있었다. 해적을 만나 노예로 잡혀가거나 암초나 소용돌이에 빠져 배를 잃곤 했다.

하지만 운이든 실력이든 모든 위험을 피했을 때 맛볼 수 있는 과실이 달콤했다. 물리적 이동이 쉽지 않던 근대 이전에 무역은 수지맞는 비즈니스였다. 사람들은 위험을 무릅쓰고 항해에 나섰다. 여기서 "노 리스크, 노 리턴"이 나왔다. '물에 빠져 죽을 각오를 하고 배 타고 나가지 않으면, (만선으로) 돌아올 일도 없다.'는 얘기였다. 살아서 돌아오는 게 드물어서 그렇지, 돌아오기만 하면 싣고 온 진귀한 물품을 팔아 한몫 잡았다. 돌아온다는 '리턴'이라는 단어에 수익이라는 뜻이 이때부터 생겼다.

따라서 변동성이 리스크라는 이론은 빗나가도 한참 빗나갔다. 가능한 결과가 여러 가지라는 사실은 미래의 본질일 뿐 리스크가 아니다. 그럼 무엇이 리스크일까? 정답은 뻔하다. 나쁜 일이 벌어지는 게 리스크다. 항해 수익의 변동이 아니라 배의 침몰이 리스크라는 얘기다.

리스크 개념에 대한 질적인 얘기는 위로써 충분할 듯싶다. 리스크를 공식적으로 정의하기에 앞서 가격 변동에 대해 좀 더 정량적인 검토를 진행해보자.

3장에 나왔던 이항나무 모형을 상기해보자. 거기선 두 가지 가정이 중요했다. 단위기간 동안 오르거나 내릴 확률이 같다는 가정이 하나다. 다른 하나는 단위기간 동안 오르거나 내리는 강도가 같다는 가정이다. 말하자면 오를 확률과 내릴 확률이 50퍼센트로 같고, 오르거나 내리는 폭도 예를 들면 30퍼센트로 같다는 거였다.

우리의 주된 관심사는 단기간 동안의 가격 변화가 아니다. 평균적으로 어떠한 장기간 수익률을 기대할 수 있는지가 우선 궁금하다. 더 중요하게는 장기간 후 어떤 가격들이 발생될 수 있는지, 그리고 그런 가격이 발생될 가능성은 얼마나 되는지다. 그걸 계산해보기 위해 단순한 단위기간 가격 변화를 가정했다. 여기에 더해 일정한 로그수익률이 평균적으로 발생하는 경우까지 살펴봤다.

하지만 위 가정은 사실 하나의 특수한 경우에 지나지 않는다. 오르거나 내리는 폭이 같다는 보장은 실제론 없다. 조금 오르면서 많이 내릴 수도 있고, 반대로 크게 오르면서 작게 내릴 수도 있다는 얘기다. 또한 오르거나 내리는 빈도도 당연히 다를 수 있다. 이 모든 경우를 감안하면 실로 다양한 조합이 가능하다.

여기선 두 가지 대표적인 경우를 살펴보자. 첫 번째는 오를 때는 조금밖에 안 오르는 대신 빈도가 잦은 경우다. 반대로 내릴 때는 크게 떨어지지만 가능성은 낮다. 이 경우를 '소탐대실'이라고 부르자. 금융시장에서 쉽게 발견할 수 있는 유형이다.

두 번째는 '소탐대실'과 정반대다. 조금씩 손실을 보며 손실 빈도도 크다. 하지만 어쩌다 한 번 오르면 대박을 낸다. 이름하여 '고진감래'라고 할 만하다.

둘 중에 어느 쪽이 더 위험할까? 위험에 대한 생각에 따라 다른 대답이 나올 수 있다. 손실 빈도가 중요하다고 생각하는 사람이라면 후자가 위험하다고 느낀다. 반대로 손실 강도가 결정적이라고 생각한다면 당연히 전자가 더 위험하다.

관건은 두 유형의 가격 변화가 누적됐을 때 결과적으로 어떤 가격분포가 나타나는가다. 이를 파악하려면 3장과 유사한 다기간 이항나무를 구성해야 한다. 오르는 폭과 내리는 폭, 그리고 오를 확률이 결부된 특정 관계에 대해선 부록 1에 유도해두었다. 자세한 수식에 관심이 있다면 찾아보시길. 여기선 결과만을 갖고 논하도록 하자.

드디어 리스크를 공식적으로 정의할 때가 왔다. 사실, 어떻게 정의해야 할지는 앞 논의에서 저절로 드러났다. 리스크를 정의하려면 최소한 두 가지가 필요하다. 하나는 나쁜 상태의 강도다. 다른 하나는 나쁜 상태의 빈도다. 좌표 하나로 2차원 평면상의 점을 나타낼 수 없음은 여러분도 잘 안다. 리스크는 최소한 두 개 이상 좌표가 필요한 대상이다.

여기서 주의할 점이 있다. 나쁜 상태의 강도와 빈도를 기껏 구한 후에 다시 이걸 하나로 합치면 곤란하다. 말하자면 강도와 빈도를 섞어서 평균으로 다루지 말자는 얘기다. '평균적인 나쁜 일' 혹은 '나쁜 일 평균'은 종이 위에선 그럴듯해 보여도 실제론 별로 쓸모가 없다. 평균이 갖고 있는 모든 해악이 고스란히 나타나서다.

예를 들어보자. 평균 손실이 원금의 1퍼센트인 두 금융상품이 있다. 이걸 보면 '아, 내 손실은 어느 쪽을 택하든 비슷하겠구나.' 하고 생각하기 쉽다. 실제론 그렇지 않을 수 있다. 가령 첫 번째 상품의 손실확률은 50퍼센트고 손실 크기는 언제나 2퍼센트다. 평균하면 1퍼센트가 나온다. 반면, 두 번째 상품의 손실확률은 0.5퍼센트지만 손실 크기는 언제나 200퍼센트다. 이 또한 평균하면 1퍼센트가 나온다. 같은 1퍼센트 평균 손실이지만 리스크는 천양지차다. 전자의 손실은 견딜 수 있다. 후자의 손실은 치명적이다.

위에서 손실이 200퍼센트라는 말은 10억 원을 들였으면 그걸 다 잃고도 추가로 10억 원을 더 물어내야 한다는 뜻이다. 금융상품 중에는 그런 요물도 존재한다. 그러니 확인은 필수다. 모르고 이런 리스크를 떠안았다가 막상 그런 일이 벌어진다고 생각해보라. 생각만 해도 끔찍하다. 다시 말하지만, 나쁜 일의 강도와 빈도는 별개로 파악해야 한다. 이 둘을 하나로 만들면 위 같은 일이 벌어진다.

이제 리스크를 구할 때 구체적으로 고려해야 할 여러 사항에 대해 얘기해보자.

첫 번째 사항은 나쁜 일에 대한 기준 혹은 정의다. 이는 완전히 일률적일 수 없는 영역이다. 즉, 나쁜 상태에 대한 기준은 사람에 따라 다를 수 있다.

예를 들어보자. 시장 벤치마크 수익률을 앞설 수 있는지로 평가받는 펀드매니저라면 그에 미달하는 게 나쁜 상태다. 또한 똑같은 손실 금액이어도 어떤 사람은 아무렇지 않은 반면 다른 사람은 파산할 수 있다. 나쁜 상태를 규정할 때 개인 재무상황이 영향을 준다는 뜻이다. 또, 빚을 진 사람이라면 그 빚만큼 나쁜 상태에 대한 기준이 더 엄격해져야 한다.

나쁜 상태가 개별적임을 전제한 상태에서 최소한의 공통 기준을 세워보자. 그 기준은 원금 보존 여부가 아닐까 싶다. 실제로 대다수 사람들은 원금을 지킬 수 있는가에 신경을 곤두세운다. 그래서 원금 보존에 대한 기준은 상식에 어긋나지 않는다.

두 번째 사항은 나쁜 일의 강도를 어떻게 정해야 하는가다. 이때는 최대손실을 보는 쪽이 이치에 맞다. 최악을 상정하는 신중한 접근법에게 뒤통수를 맞을 일은 없다.

세 번째 사항은 나쁜 일의 빈도 혹은 확률에 대한 고려다. 확률에 관해 주의할 점은 숫자가 작아질수록 틀릴 가능성이 빠른 속도로 커진다는 점이다. 무슨 얘기냐면, 5퍼센트와 50퍼센트의 비교는 충분히 의미가 있다. 그러나 0.1퍼센트와 0.001퍼센트의 비교는 무의미하기 쉽다. 0.001퍼센트라고 생각했다가 실제로는 그보다 훨씬 큰 빈도로 발생하는 경우가 금융에선 비일비재하다. 어느 선, 이를테면 1

퍼센트 이하 확률은 사실상 같다고 취급하는 보수적 태도도 한 가지 방법일 수 있다.

네 번째 사항은 시간의 문제다. 투기기간은 사람에 따라 한 달일 수도, 20년일 수도 있다. 기간이 길고 짧음에 따라 나쁜 상태에 대한 기준이 달라질 수 있다.

또한 투기기간 전체를 연속적으로 볼 거냐, 아니면 최종시점만을 놓고 볼 거냐도 정해야 한다. 일례로 투기기간 중에 일정 금액 이상 손실을 입어선 안 되는 이유가 있다고 하자. 그렇다면 기간 전체를 관찰하는 게 합리적이다. 심리적 이유에 기인하든 혹은 재무적 조건 때문이든 결론은 같다.

이쯤에서 새롭게 정의한 리스크를 한번 구체적으로 구해보자. 첫 번째 나쁜 상태는 20년 후 원금손실이라고 정해보자. 여기서 원금손실은 처음에 1이었던 돈이 나중에 1 미만으로 줄어든 상태를 말한다. 또한 20년 후 자산이 원금 30퍼센트 이하로 줄어든 경우를 두 번째 나쁜 상태라고 정하자. 리스크가 꼭 한 가지 상태만을 가리켜야 할 이유는 없다. 전자를 1차 리스크, 후자를 2차 리스크라고 부르자.

우선 3장에 나온 가격분포에 대해 검토해보자. 연간로그수익률 평균은 자산가격을 전체적으로 조정할 뿐이므로 비교가 쉽도록 수익률 평균이 0인 경우를 보자. 연간 상승과 하락 폭이 30퍼센트로 같을 때에 대한 가격분포는 〔표 3.1〕에 이미 나와 있다. 이 경우 오르고 내릴 확률이 50퍼센트로 서로 같으므로 '동전던지기'라고 부르자. '동전던지기'의 최대손실과 1, 2차 리스크 확률을 〔표 5.1〕에 나타냈다.

〔표 5.1〕에 의하면, 최대손실 규모는 0.9992다. 앞에서 확률 얘기할 때와 마찬가지로 이러한 수준의 정밀도는 별 도움이 안 된다. 그냥 다 잃었다고 받아들여도 무리가 없다. 1차 리스크가 발생할 확률 약

최대손실	0.9992
1차 리스크 확률	74.8%
2차 리스크 확률	41.2%

[표 5.1] 상승과 하락의 폭이 30퍼센트로 같을 때, 20년 후 리스크

75퍼센트와 2차 리스크가 발생할 확률 약 41퍼센트는 기억해두자.

이제 앞에서 정의했던 '소탐대실'의 리스크를 구해보자. 구체적으로, 오를 때는 5퍼센트, 내릴 때는 50퍼센트 내린다고 가정해보자. '동전던지기'와 공정한 비교가 이뤄지도록 '소탐대실'의 평균 연간 로그수익률도 0이라고 하자. 이때 매년 가격이 오를 확률은 90.9퍼센트다. 대략 10번에 1번 폭락한다는 의미다. 이때 리스크가 어떻게 나올까?

최대손실	0.999999
1차 리스크 확률	55..4%
2차 리스크 확률	27.2%

[표 5.2] 상승폭이 5퍼센트, 하락폭이 50퍼센트일 때, 20년 후 리스크

〔표 5.2〕는 '소탐대실'의 리스크를 정리한 결과다. 최대손실은 사실상 1이다. 그다음 1차 리스크 확률이 떨어졌다는 게 눈에 띈다. 약 55퍼센트로 20퍼센트 포인트 정도 줄었다. 2차 리스크도 비슷하다. '소탐대실'의 41퍼센트에서 27퍼센트로 낮아졌다. 즉, 원금손실 가능성이란 면으로 '소탐대실'은 '동전던지기'보다 낫다. 그러나 55퍼센트

라는 원금손실확률은 여전히 낮지 않다.

이번엔 '고진감래'를 알아보자. '소탐대실'을 뒤집어서 오를 때는 50퍼센트, 내릴 때는 5퍼센트 내린다고 하자. 평균 연간로그수익률도 0으로 놓으면 매년 오를 확률은 9.1퍼센트다. 10번에 9번 이상 손실을 본다는 뜻이다.

최대손실	0.652
1차 리스크 확률	72.8%
2차 리스크 확률	0%

[표 5.3] 상승폭이 50퍼센트, 하락폭이 5퍼센트일 때, 20년 후 리스크

'고진감래'의 리스크를 나타낸 [표 5.3]에 의하면, 제일 먼저 0.652로 줄어든 최대손실이 눈에 들어온다. 최악의 경우에도 돈이 0.35 정도는 남는다는 의미다. 이는 단위기간 동안 하락폭이 작은 특성 때문이다. 빈도가 잦아도 잃을 때 조금 잃으면 돈이 줄어드는 데에 한계가 있다. 가장 줄었을 때도 돈이 0.35 남아 있기 때문에 2차 리스크 확률은 0이다.

한편, 원금손실확률은 약 73퍼센트로 '동전던지기'와 대략 비슷하고 '소탐대실'보다 크다. 원금손실을 꺼리는 입장이라면 '동전던지기' 유형 금융상품과 '고진감래' 유형 금융상품은 대동소이하다고 볼 수 있다.

사실, 위 숫자들은 하나의 예시에 불과하다. 이번 장에서 사용한 수치모형이 현실을 정확히 묘사한다는 보장은 없다. 실제 가격 변동 중엔 위 이항나무가 묘사할 수 없는 과격한 상황도 있다. 그렇다고 하

더라도 나쁜 상태의 최대강도와 빈도라는 두 축으로 리스크를 표현한다는 기본 개념은 여전히 유효하다. 잘못 계산했을지언정 손해가 얼마나 클지에 대해 생각해보도록 만들기 때문이다. 그 기회조차 없는 기존 리스크 개념은 생각할수록 으스스하다.

3부

자산 바구니

6

개별자산별 최종적립액으로
수익률을 평균내도 될까?

앞 5장까지 금융에서 근간을 이루는 두 변수, 즉 수익률과 리스크를 둘러싼 오류를 지적하고 이를 재정의했다. 구체적으론 로그수익률과 가격 휘발도에 따라 장기적으로 어떤 수익이 발생할지, 그리고 리스크가 어떨지 알아봤다. 이때 핵심은 가격 휘발도로부터 리스크가 생겨날 수 있지만 휘발도 자체가 리스크는 아니라는 점이다.

여기엔 암묵적인 가정이 하나 있었다. 바로 투기자가 금융자산을 하나만 가진다는 가정이다. 앞에서도 선택 가능한 금융자산 자체는 여럿이었다. 원금손실 염려가 없는 안전한 자산에서 손실을 걱정해야 하는 위험한 자산까지 다양했다. 하지만 여러 자산을 동시에 갖는 경우는 검토하지 않았다.

이제부터 여러 자산을 동시에 보유한 상황을 다루려고 한다. 금융에선 이러한 상황을 포트폴리오라고 부른다. 비유하자면 포트폴리오는 여러 자산을 담아놓은 바구니와 같다. 이 책에선 포트폴리오 대신 바구니라는 말을 쓰도록 하자.

자산 바구니를 놓고 인류가 고심한 역사는 깊다. "모든 계란을 한 바구니에 담지 말라."는 오래된 격언이 대표적이다. 바구니를 떨어트리는 날에는 모든 계란이 깨진다는 경고다. 보기에 따라선 바구니 개수가 문제가 아니라 계란만 담았다는 게 문제일 수 있다. 계란 대신 일부를 사과나 콩 등으로 채웠다면 바구니가 떨어져도 조금은 건진다. 다각화가 갖는 장점이다.

다각화가 만병통치약은 아니다. 다각화 때문에 손해를 보는 경우도 충분히 가능하다. 여러 자산을 바구니에 담을수록 그중 일부가 상할 가능성도 높아진다. 들어가는 말에 나왔던 마크 트웨인은 다각화를 두고 다음처럼 얘기했다. "모든 계란을 한 바구니에 담고 그 바구니를 단단히 보호해라."

단순한 예를 들어보자. 여러분이 심을 수 있는 곡식은 토종 아니면 유전자조작된 외래종이다. 곡식을 키울 땅 크기는 정해져 있다. 여러분은 밭에 무엇을 얼마나 심을지 정할 수 있다. 말하자면 토종만 심을 수도 있고, 토종과 외래종을 반반씩 심을 수도 있다. 곡물 생산량은 토종과 외래종 모두 같다고 하자.

문제는 매해 무작위하게 발생하는 병해충을 미리 알 수 없다는 점이다. 가령 도열병이 번지면 외래종이 전멸하고 바이러스나 세균성 마름병이 퍼지면 토종이 깡그리 말라버린다고 하자. 즉, 토종과 재래종 둘 중 하나엔 반드시 병이 생긴다고 하자. 또 다른 문제는 100퍼센트 경작에 성공하지 못하면 겨울을 날 수 없다는 점이다. 농사 외에 연명할 다른 방법은 없다고 가정하자.

이런 상황이라면 무슨 결정을 내려야 할까? 이 경우 다각화는 답이 될 수 없다. 어떤 비율로 다각화하든 토종과 재래종을 같이 키우는 한 일부 손실은 확정이다. 이는 곧 춘궁기를 넘길 수 없음을 의미한다. 이 경우 토종이든 재래종이든 하나를 택해 심는 결정이 최선이다. 물론 운이 없으면 굶어 죽는다. 그래도 생존할 확률이 50퍼센트나 된다. 다각화했을 때 확률 0보다는 낫다.

위처럼 자산 바구니에는 고유한 차원이 존재한다. 바구니에 담기는 개별자산별 수익률과 리스크를 안다고 해도 바구니 특성은 확실치 않다. 산수에서 1 더하기 1은 반드시 2다. 하지만 자산 바구니에서 1 더하기 1은 2가 아닐 수 있다.

자산 바구니에 대한 이론을 본격적으로 펼치기에는 아직 이르다. 몸 푸는 차원으로 금융업계가 흔히 행하는 한 가지 관행을 이번 장에서 검토해보자.

예로써 설명하는 게 가장 쉬울 듯싶다. 두 자산 A와 B가 있다고 하자. 지난 1년간 A에서 5퍼센트 수익이 발생했다. 같은 기간 B는 10퍼센트 수익을 얻었다. A와 B로 구성된 자산 바구니가 있다고 할 때, 바구니 수익률은 얼마일까? 참고로 여기서 얘기하는 수익률은 기존 금융론이 사용하는 퍼센티지수익률이다.

'7.5퍼센트 아니야?' 하고 생각했다면 성급한 결론이다. 정답은 "알 수 없다."다. A와 B에 발생한 수익률만 알아서는 바구니 수익률을 알 방법이 없다.

바구니 수익률을 제대로 구하려면 A와 B의 비중을 알아야 한다. 위에는 그런 정보가 나와 있지 않다. 단적으로 A는 99억 원 있고 B는 1억 원 있을 때와, A가 1억 원 있고 B가 99억 원일 때가 바구니 수익률이 서로 같을 리는 없다.

두 자산으로 구성된 바구니를 예로 들었지만 실제 자산 바구니는 이보다 훨씬 복잡하다. 막상 각 자산별 비중을 구하려면 골치 아프다. 이때 비중을 구하기 위해 업계는 종종 관심기간 종점에 확인된 자산가액 혹은 적립액에 의지한다. 무슨 말이냐면, 재작년 말부터 작년 말까지 1년간 수익률을 구한다고 해보자. 이 경우 작년 말에 관찰한 가액을 기준으로 비중을 정한다는 뜻이다.

숫자를 통해 계산 과정을 확인하자. 가령 작년 말 기준으로 바구니 안에 A가 40억 원, B가 10억 원 있다고 하자. 그러면 바구니 수익률은 얼마나 될까? 업계가 계산하는 방식을 따르면, A의 비중은 40/(40+10)으로 80퍼센트, B의 비중은 10/(40+10)으로 20퍼센트다. 개별자산별로 비중과 수익률을 곱하면, A는 4퍼센트, B는 2퍼센트가 나온다. 최종적인 바구니 수익률은 이 둘을 더한 6퍼센트라고 결론짓는다. A가 B보다 가액이 4배 크니 그만큼 바구니 수익률에 더 큰 영향을 미치는 건 당연하다.

그러나 아무런 문제가 없어 보이는 위 과정은 사실 완벽하게 틀렸다. 틀렸다는 선언에도 불구하고 '뭐가 문제라는 거야?' 하고 생각할 사람도 분명히 있을 테다. 그렇다면 다음 예를 한번 살펴보자.

[그림 6.1]에 두 종류 개별자산 C와 D의 퍼센티지수익률을 나타냈다. C는 수익률이 100퍼센트고 D는 수익률이 −50퍼센트다. 기간 말 가액은 C와 D가 각각 20억 원, 5억 원이다.

위 과정대로 바구니 수익률을 구해보자. 먼저 C의 비중 80퍼센트에 수익률 100퍼센트를 곱하면 80퍼센트가 나온다. 마찬가지로 D의 비중 20퍼센트에 수익률 −50퍼센트를 곱하면 −10퍼센트를 얻는다. 둘을 더한 70퍼센트가 최종값이다. 바구니 수익률이 70퍼센트라는 얘기다. 이는 민망할 정도로 참값에서 벗어난 결과다.

이제 위에서 구한 70퍼센트라는 바구니 수익률이 왜 틀렸는지를 설명해보자.

사실은 이렇다. 자산 C와 D의 가액은 원래 각각 10억 원씩이었다. 시간이 지난 뒤, C에는 100퍼센트 수익이 발생해 20억 원이 됐다. D는 50퍼센트 손실을 입어 5억 원으로 줄었다. 변동 후 개별자산가액이 위에서 언급한 기간 말 가액과 일치함을 확인하자.

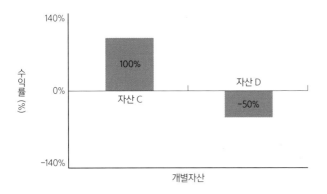

[그림 6.1] 자산 C와 D의 퍼센티지 수익률

다음의 [그림 6.2]에서 확인할 수 있듯이 C와 D로 구성된 바구니 최초가액은 20억 원이다. 기간 경과 후 C와 D가 각각 20억 원, 5억 원으로 바뀌었으므로 바구니 최종가액은 둘을 합한 25억 원이다. 가액이 결정되면 그로부터 수익률은 자동으로 따라 나온다. 20억 원이던 바구니가 25억 원이 됐으므로 바구니 퍼센티지수익률은 25 나누기 20 빼기 1인 25퍼센트다. 앞에서 구한 수익률 70퍼센트가 얼마나 어긋난 결과인지 음미하자.

바로 위처럼 바구니 가액을 구한 후 수익률을 계산하면 절대로 틀리지 않는다. 대조적으로 개별자산 최종가액 기준으로 수익률을 가중평균하면 극히 예외적인 상황을 제외하면 언제나 틀린다. 여기

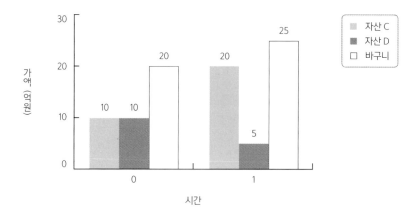

[그림 6.2] 자산 C, D와 바구니의 가액 변화

서 극히 예외적인 상황이란 두 개별자산 수익률이 서로 같은 경우다. 그렇다면 비중을 따질 필요도 없이 개별자산 수익률이 곧 바구니 수익률이다. 즉, 개별자산 최종적립액으로 바구니 수익률을 구하는 관행은 오류다.

퍼센티지수익률에 대한 평균에 미련이 남은 독자라면 혹시 위 경우에 대한 평균을 구했을지도 모른다. 100퍼센트와 −50퍼센트의 평균은 용하게도 올바른 값인 25퍼센트다. 이는 우연히 맞힌 결과다. 왜 그런지 알아보자.

단일기간 퍼센티지수익률을 사용할 때 바구니 수익률은 실제로 적립액 가중평균으로 구할 수 있다. 단, 가중치가 최종가액이 아니라 최초가액이다. 위 경우를 예로 들자면, C의 비중은 C 최초가액 10억 원 나누기 바구니 최초가액 20억 원인 50퍼센트고, D 또한 마찬가지로 50퍼센트다. 50퍼센트라는 가중치를 각각 적용하면 수익률이 C는 50퍼센트, D는 −25퍼센트가 된다. 합하면 결국 25퍼센트가 나온다.

최초가액으로 정하는 비중이 마침 산술평균을 구할 때와 일치한 탓에 같은 결과를 얻었다는 얘기다.

정리해보자. 퍼센티지수익률을 단일기간에만 쓴다면, 바구니 수익률은 개별자산 수익률을 적립액 가중평균함으로써 구할 수 있다. 단, 가중치는 최초가액으로 구한다. 최종가액으로 구하면 잘못된 값을 얻는다.

단일기간이 아닌 다기간일 때, 바구니 퍼센티지수익률을 위처럼 구할 수 있는 마법은 혹시 없을까? 당연히 없다. 개별자산에서 성립하지 않는 식이 바구니에서 성립할 리 없어서다.

7

수익률 가중평균은
언제나 성립하는 진리일까?

바로 앞 장에서 퍼센티지수익률로 정의된 바구니 수익률을 구하는 방법을 다뤘다. 구체적인 숫자로 설명한 내용을 식으로 정리하면 아래와 같다. 식에서 w_A, w_B는 A와 B의 최초가액 가중치로 합하면 1이다.

$$r_p = w_A r_A + w_B r_B, w_A = \frac{A_0}{A_0 + B_0}, w_B = \frac{B_0}{A_0 + B_0}$$

위 가중평균 식은 눈에 익다. 하도 익숙해서 수익률이라면 예외 없이 이 식을 만족할 것 같이 느껴진다.

사실은 그렇지 않다. 퍼센트로 표현된 수익률이라 해도 2장에서 정의한 퍼센티지수익률 식을 만족하지 않는 한 위에 나온 가중평균 식은 성립하지 않는다. 이 식 자체가 특수한 예외에 해당한다는 의미다.

가중평균 식이 성립되지 않는 수익률의 구체적 예를 들어보자. 예를 들어, 지금 현재 100만 원을 빌려주면 2년 후 121만 원을 갚겠다고 상대방이 약속했다고 치자. 약속한 상대방은 은행일 수도, 회사일 수도, 또 사람일 수도 있다. 은행이라면 예금, 회사라면 채권, 사람이라면 개인 간에 빌려준 돈이다.

방금 전 돈 흐름에 대한 수익률을 나타내는 방법은 여러 가지다. 일례로 2장에서 정의한 퍼센티지수익률로 표현하면 21퍼센트다. 하지만 일반적으로 만기가 1년이 넘는 돈은 연 복리를 가정해 수익률을 나타낸다. 이 경우 수익률은 연 10퍼센트다. 이 말은 원금과 1년 치 이자를 합한 비율인 1.1을 제곱하면 2년 후 돈 1.21이 된다는 뜻이다. 이러한 원리는 금융을 다룬 교과서라면 항상 맨 앞에 나온다.

이제 바구니를 구성해보자. 연 복리 수익률로 자산 A는 수익률이 0퍼센트, 자산 B는 40퍼센트라고 하자. 초기가액은 각각 1억 원이라고 하자. 즉, 초기가액 비중은 A와 B 모두 50퍼센트. 위 가중평균 식이 옳다면 바구니 수익률은 0퍼센트와 40퍼센트를 평균한 연 복리 20퍼센트다.

20퍼센트가 옳은 값인지 검증해보자. 방법은 간단하다. 앞에서도 보았듯이 바구니 가액을 직접 구하면 된다. A는 2년 후 여전히 1억 원이다. B는 같은 기간 동안 1.4를 제곱한 1.96억 원으로 불어난다. 즉, 2년 후 바구니 가액은 둘을 더한 2.96억 원이다. 최초가액은 물론 2억 원이다.

연 복리로 정의된 바구니 수익률을 r이라고 하자. 초기가액 2억 원에 (1+r)을 제곱해서 곱하면 최종가액 2.96억 원과 같아야 한다. 이 관계를 만족하는 r은 얼마일까? 구해보면 21.66퍼센트가 나온다. 위 가중평균 식으로 구했던 20퍼센트와 다른 값이다. 이로써 연 복리

수익률에선 위 가중평균 수익률 식이 성립하지 않음을 입증했다. 더불어 이 장 제목에 대한 답도 "아니오."임을 밝혔다.

사실, 위 내용은 기본적인 사항이지만 깨닫지 못하고 있는 사람이 많다. 전문가라는 사람 중에도 아무렇지도 않게 연 복리 수익률을 가중평균하는 사람이 흔하다. 그렇긴 해도 이것 하나 지적하려고 이번 장을 쓰진 않았다. 앞 내용은 자산 바구니와 로그수익률을 접목시킬 방법을 제시하기에 앞서 지나는 길에 한 수 두고 가는 차원이다. 즉, 이번 장이 달성하고자 하는 궁극 목표는 바구니에 대한 로그수익률의 정의와 검토다.

왜 바구니에 대한 로그수익률을 정의해야 할까? 1부에서 우리는 장기적으론 로그수익률만이 의미가 있음을 봤다. 이번 장이 속한 3부에서는 자산 바구니를 다루고 있다. 자산 바구니는 다각화 관점에서 중요한 도구다. 그렇다면 개별자산을 모은 바구니가 로그수익률로 어떻게 표현되는지는 중요한 주제다.

결론적으로 미리 말하자면, 개별자산 로그수익률이 주어지면 그로부터 바구니 로그수익률을 유일하게 구할 수 있다. 로그수익률 갖고도 자산 바구니를 다룰 수 있다는 뜻이다. 로그수익률로는 자산 바구니를 다룰 수 없다는 주장이 있다. 그 때문에 퍼센티지수익률을 쓸 수밖에 없다고 한다. 밑에서 증명되듯 이는 옳지 않다.

그 공식 유도는 결코 어렵지 않다. 하지만 본문에 식이 연속해서 여러 개 나온다는 이유만으로 책을 덮을 독자도 있다. 자세한 과정은 부록 2에 나타냈으니 관심 있는 독자만 찾아보자. 여기선 아래와 같은 최종결과만 나타내도록 하자.

$$r_p = \ln\left(\sum_{j=1}^{n} w_j e^{r_j}\right)$$

식이 무엇을 의미하는지 간략히 설명해보자. w_j는 j번째 자산 초기가액 비중이고 r_j는 해당 로그수익률이다. 다시 말해 바구니에 담긴 각 자산 초기가액이 주어지고 기간에 대한 로그수익률을 알면 바구니 로그수익률을 구할 수 있다.

간단한 예를 통해 바구니 로그수익률을 실제로 어떻게 계산하는지 알아보자. 개별자산 A와 B로 구성된 단순한 바구니를 가정하자. 먼저 A와 B 초기가액이 각각 1억 원이라고 하자. 로그수익률이 A는 0.1, B는 0.2라고 할 때, 바구니 로그수익률은 얼마일까? 계산해보면 0.1512가 나온다.

위 결과는 무엇을 의미할까? 로그수익률도 초기가액 가중평균 식을 만족하지 않는다는 뜻이다. 자산별 초기가액이 서로 같으니 가중평균은 산술평균과 같고, 로그수익률 0.1과 0.2 간 산술평균은 0.15다. 하지만 올바른 값은 물론 바구니 로그수익률인 0.1512다.

개별자산 로그수익률 간 차이가 클수록 바구니 로그수익률은 초기가액 가중평균으로부터 멀어진다. 일례로 자산 A 로그수익률을 0으로 놓고, 자산 B 로그수익률을 0부터 차례로 증가시켜보자. 이때 바구니 로그수익률과 초기가액 가중평균이 얼마나 차이 나는지를 〔그림 7.1〕을 통해 확인할 수 있다.

보다 흥미로운 상황은 손해를 보는 자산이 바구니에 포함됐을 경우다. 특히 궁금한 상황은 두 자산이 부호는 반대면서 절댓값은 같은 로그수익률을 기록했을 때다.

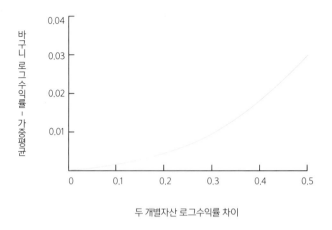

바구니 로그수익률 − 가중평균

두 개별자산 로그수익률 차이

[그림 7.1] 두 개별자산간 로그수익률 차이에 따른 바구니 로그수익률과 가중평균 차이

위 상황이 왜 흥미로운지 설명해보자. 예를 들어 원금이 1억 원인 자산 A가 로그수익률로 1년째는 0.2, 2년째는 −0.2를 거뒀다고 하자. 이 경우 A의 최종가액은 원금과 꼭 같은 1억 원이다. 즉, 절댓값이 같고 부호가 다른 로그수익률을 시간에 대해 누적하면 서로 상쇄된다. 이는 자산 종류, 다시 말해 공간을 고정시키고 시간을 변화시킨 경우다.

여기서 궁금해하는 경우는 위 사례와 대칭이다. 이를테면 두 자산 A와 B가 각각 1억 원씩 바구니에 담겨 있고 시간은 1년째만 관심이 있다. 1년째 로그수익률이 A는 0.2, B는 −0.2라고 하자. 즉, 절댓값이 같고 부호가 다른 로그수익률을 자산에 누적하면 어떻게 될까. 시간에 대한 누적처럼 서로 상쇄될지 호기심을 자극한다. 이 상황은 시간을 고정시키고 공간을 변화시킨 경우다. 과연 어떻게 될까?

〔표 7.1〕에 의하면, 위 사례에 대한 바구니 로그수익률은 0.0199로서 0이 아니다. 말하자면 절댓값이 같고 부호가 다른 로그수익률

자산	초기가액(억원)	최종가액(억원)	로그수익률
A	1	1.2214	0.2
B	1	0.8187	−0.2
바구니	2	2.0401	0.0199

[표 7.1] 로그수익률이 0.2인 A와 −0.2인 B로 구성된 바구니의 로그수익률

은 자산에 대한 누적 시 서로 상쇄되지 않는다. 이 경우 바구니 로그수익률이 0보다 크다는 사실도 주목할 만하다. 관점에 따라 이는 다각화하면 얻을 수 있는 구체적 장점으로 볼 여지도 있다.

바구니 로그수익률에 관해 가장 궁금한 사항은 로그수익률로 기술된 개별자산 특성이 장기간 바구니 수익률에서 어떻게 드러나는 가다. 〔표 7.1〕에서 확인한 단일기간 바구니 수익률을 시간상 누적시키면 무슨 일이 벌어질까? 한번 알아보자.

먼저 자산 A가 매년 로그수익률로 언제나 0.2를 얻는다고 가정하자. 따라서 평균 연간로그수익률도 0.2다. 연간로그수익률로 구한 변동성은 0이다. 또한 자산 B에 연간로그수익률로 매년 −0.2가 발생한다고 가정하자. 평균 연간로그수익률과 변동성은 각각 −0.2, 0이다. A와 B의 3년간 가액 변화는 〔그림 7.2〕와 같다.

로그수익률이 0.2인 A와 −0.2인 B를 같은 초기가액으로 바구니를 구성하면 1년 후 로그수익률이 0.0199라는 사실은 〔표 7.1〕에서 확인했다. 그렇다면 이 바구니는 3년 누적로그수익률로 얼마나 나올까? 혹시 바구니 첫해 로그수익률인 0.0199에 3을 곱한 0.0597이 발생하진 않을까?

확인해보면 그렇지 않다는 사실을 알 수 있다. 〔표 7.2〕에 의하면

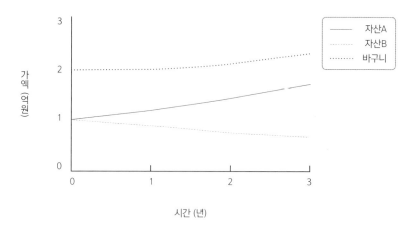

[그림 7.2] 연간로그수익률이 각각 0.2와 −0.2로 일정한 자산 A와 B의 3년간 가액 변화

실제로 2년째 바구니 로그수익률은 0.0581이고, 3년째는 0.0922다. 시간이 갈수록 커짐에 주목하자. 또한 커지는 데에 특별한 규칙이나 패턴이 눈에 띄지 않는다. 이를테면, 연간로그수익률 증분을 계산해 보면 값이 조금씩 준다.

이러한 일이 발생하는 이유는 이해하기 어렵지 않다. 개별자산 차원에서 시간에 따른 수익률 변화는 없다. 하지만 변하는 게 하나 있다. 바로 각 기간에 해당하는 초기가액이다. 1년째 서로 같았던 A와 B 초기가액이 2년째, 3년째에는 달라졌다. 개별자산에 발생한 로그수익률이 서로 다르기 때문이다. 즉, 1년째보다는 2년째, 2년째보다는 3년째에 자산 A가 갖는 비중이 상대적으로 커진다. 그만큼 바구니 로그수익률을 끌어올린다.

위 결과로 미루어 짐작하건대, 개별자산 로그수익률에 대한 통계적 특성을 안다고 해서 바구니 로그수익률을 쉽게 예측할 수 있을 것 같지는 않다. 그럼에도 불구하고 분명한 사실은 개별자산 로그수

년도	바구니 가액	연간로그수익률	로그수익률 증분
1	12.0401	0.0199	-
2	12.1621	0.0581	0.0382
3	2.3709	0.0922	0.0341
평균 연간로그수익률		0.0567	

[표 7.2] [그림 7.2]에 나타낸 바구니의 연간로그수익률과 평균 연간로그수익률

익률과 초기가액이 매 기간별로 주어지면 바구니 수익률을 문제없이 구할 수 있다는 점이다. 이는 과거에 실제로 발생한 자산가격을 갖고 시뮬레이션하는 역사적 백테스팅이나, 컴퓨터상에서 가상의 주사위를 던지는 몬테카를로 시뮬레이션 어느 쪽이든 마찬가지다.

8

항상 반반씩 담기와
앞뒤로 몰아서 담기 중 승자는?

이 책을 읽고 있을 여러분이 슬슬 지루함을 느끼기 시작했을 것 같다. 쓰고 있는 내가 느낄 정도니 틀림없다. 금융은 본질적으로 숫자에 대한 얘기라 계속 재미있기 어렵다. 숫자가 좋아서 공학박사 되기를 마다하지 않았던 나도 숫자 얘기만 하다 보면 물린다.

사람들은 이야기를 좋아한다. 어렸을 적 할머니가 "옛날 옛날에……"하며 해주던 옛날이야기는 지금도 기억에 선하다. "오늘 주식시장은 1.2퍼센트 올랐으며, 외국인 자금은 4퍼센트 감소했고……"와 같은 뉴스는 기억에 남지 않는다. 그런 얘기를 심각한 표정으로 하는 아버지와 할아버지에 대한 기억도 마찬가지다. 그보단 '언어의 온도'나 '신이 되려는 인간'에 대한 얘기 쪽에 관심이 간다. 당연한 일이다.

그게 이 책을 쓰는 내겐 캐치-22다. 조셉 헬러가 쓴 소설 『캐치-22』엔 이러지도 저러지도 못하는 상황이 널려 있다. 가령 한 사내는 대학 때 동성애자들에겐 공산주의자로, 공산주의자들에겐 동성애자로 의심받았다. 그는 둘 다 아니었다. 주인공인 대위 요사리안이 처한 상황은 더욱 난처하다. 폭격기 기장인 요사리안은 자신에게 부과된 임무가 미친 짓이라는 걸 안다. 규정상 미친 사람은 폭격 임무에서 면제다. 그러나 폭격 임무를 면해달라는 요청은 곧 그가 제정신이라는 증거다. 따라서 그는 임무를 면제받지 못한다.

나는 기존 금융이론이 엉터리라는 책을 쓰고 있다. 이를 입증하려면 숫자를 다루지 않을 수 없다. 숫자가 난무하는 탓에 책은 따분하고 무미건조하게 느껴진다. 그 결과 소수의 기크와 너드만 찾는다. 그들은 내 말에 동의하지만 혼자 말없이 있길 좋아한다. 이러한 함정을 피하려면 숫자가 아닌 이야기를 늘어놓아야 한다. 그러나 말만으로 기존 금융이론이 엉터리임을 증명하기는 너무나 어렵다.

그 어렵다는 걸 시도한 사람이 한 사람 있었다. 경제학계 내 일명 오스트리아파를 대표하는 루트비히 폰 미제스다. 미제스는 시장자유주의를 주창한 대부 중의 대부다. 그런 미제스가 총체적 난센스라며 기존 금융이론을 무시했다는 사실을 아는 사람은 드물다. 미제스는 숫자 없이 말만으로 논리를 폈다. 틀림없이 미제스는 '클래식'을 남긴 작가다. 여기서 클래식이란 누구나 언급하지만 막상 읽어본 사람은 없는 책을 말한다.

내 전략은 이렇다. 숫자를 버릴 순 없다. 하지만 이야기를 가져올 수 있는 부분이 있다면 마다하지 않는다. 방금 전 미제스 얘기가 한 예다. 이제 여러분은 미제스가 기존 금융이론을 인정치 않았다는 사실도 알게 됐다. 이야말로 일타이피다.

이번엔 여러분이 직접 고민할 만한 금융 문제를 하나 검토해보자. 여윳돈이 있을 때 이를 어떻게 불려야 하는지는 우리 모두에게 고민거리다. 이를 개념적으로 단순화하면 안전한 예금과 위험한 투기자산을 어떤 식으로 섞어야 할지가 문제다.

이 장 제목인 "항상 반반씩 담기와 앞뒤로 몰아서 담기 중 승자는?"은 이러한 문제를 압축해서 보여준다. '항상 반반'은 예금과 투기자산을 늘 반씩 갖는 경우다. 또 다른 방법은 전체 기간 중 반은 예금만, 나머지 반은 투기자산만 바구니에 담는 경우다. 이름하여 '앞뒤 몰빵'이다. 과연 어느 쪽이 더 나은 결과를 가져올까? 그리고 그러한 이유는 무엇일까?

성급히 결론을 내리기 전에 최종수익 관점에서 어느 쪽이 더 유리할지 미리 짐작해보자. 비교가 가능하도록 예금과 투기자산의 평균 로그수익률이 서로 같다고 우선 가정하자. 예를 들면 예금 연간로그수익률이 0.01이라면 투기자산 연간로그수익률의 평균도 0.01이다.

투기자산 연간로그수익률 평균이 0.01이 되는 한 가지 방법은 오를 때 로그수익률로 0.1만큼 오르고, 내릴 때 로그수익률로 −0.08만큼 떨어지면서, 빈도가 반씩 같은 경우다. 다시 말해 한번 로그수익률이 0.1이면 다음번에는 −0.08이 나온다는 얘기다. 이 경우 로그수익률 평균은 0.01로 계산돼 예금과 같다.

2장에서 평균 로그수익률이 같은 개별자산은 최종수익 관점에서 서로 동등함을 이미 보였다. 말하자면 예금에 들어간 최초 5천만 원이나 투기자산에 들어간 최초 5천만 원이나 최종수익은 같다. 그 둘을 합친 1억 원의 최종누적로그수익률도 같다. 따라서 항상 반반씩 나누든 혹은 앞뒤로 몰아서 나누든 최종수익률은 서로 같아야 한다.

이를 확인해보려면 숫자를 통하지 않을 수 없다. 실제로 '항상 반반'과 '앞뒤 몰빵'은 동일한 결과가 나온다. 최초가액 1억 원이 주어졌을 때 20년 후 자산가액은 양쪽 모두 약 1.221억 원이다. 연간로그수익률 평균이 0.01이므로 20년에 대한 최종누적로그수익률은 20을 곱한 0.2다. ln(1.221/1)을 계산해도 0.2가 나온다.

[그림 8.1]에 위에서 가정한 상황에 대한 구체적 자산가액 변화를 나타냈다. '항상 반반'은 20년 내내 가액이 매년 올랐다 내렸다를 반복한다. 최초가액 1억 원의 반인 5천만 원이 투기자산에 들어가 손실과 이익이 번갈아가면서 발생하기 때문이다. 그에 반해 '앞뒤 몰빵'은 처음 10년간 안정적으로 가액이 오르다가 나중 10년간은 '항상 반반'의 약 2배 강도로 널을 뛴다. 앞에는 예금만, 뒤에는 투기자산만 바구니에 담은 결과다.

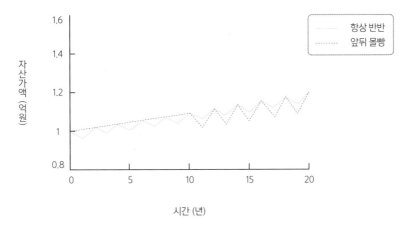

[그림 8.1] 예금과 투기자산의 연간로그수익률 평균이 0.01로 서로 같은 경우

위 그림에는 나타내지 않았지만 사실 '앞뒤 몰빵'에는 두 가지 가능성이 있다. 위에선 처음에 안전하게 갔지만 나중을 안전하게 갈 수도 있다. 그 경우 그래프 모양이 바뀐다. 보다 중요한 사항은 최종가액

이다. 그 경우 최종가액은 어떻게 될까? 조금만 생각해보면 전적으로 똑같은 값이 나옴을 알 수 있다. 최초가액 1억 원에 대해 어떤 순서로 로그수익률이 발생하느냐의 문제일 뿐, 최종수익이 변할 리는 없기 때문이다.

사실, 예금과 투기자산을 항상 반반씩 나누는 방법이 위에서 보인 경우만 있지는 않다. 위에 나온 '항상 반반'은 최초가액을 반씩 나누고 나면 더 이상 아무런 조정도 하지 않는다. 이름하여 '정적 배분'이라고 할 만하다. 즉, '정적 배분'은 [그림 8.1]에 나온 '항상 반반'을 가리키는 다른 이름이다.

반면, 배분을 동적으로 조정하는 방법도 불가능하진 않다. 가령 첫해에 예금에 들어간 5천만 원은 1년 지나면 5050만 원이 되고, 투기자산에 들어간 5천만 원은 4616만 원이 된다. 둘을 합하면 9666만 원이고, 그 반은 4833만 원이다. 따라서 2년 초에도 50 대 50 비율을 정확히 유지하려면 예금에서 217만 원을 빼서 투기자산으로 옮겨준다. 5050만 원에서 217만 원을 빼면 4833만 원이고, 4616만 원에 217만 원을 더해도 4833만 원이다. 이런 식으로 매년 조정해주는 경우를 '동적 조정'이라고 부르자.

그렇다면 예금과 투기자산의 로그수익률이 위와 같을 때, '정적 배분'과 '동적 조정' 간에 차이가 있을까? 흥미롭게도 둘 사이엔 차이가 있다. 누가 더 최종수익이 클까? 더 큰 쪽은 '동적 조정'이다. 20년 후 '동적 조정' 자산가액은 약 1.246억 원이다. '정적 배분'보다 250만 원 많다. [그림 8.2]를 보면 '동적 조정'이 '정적 배분'보다 매년 조금씩 더 수익을 쌓는 과정을 확인할 수 있다.

'동적 조정'이 '정적 배분'보다 미세하게나마 앞선다는 사실은 시사하는 바가 크다. 일단 부지런함이 게으름을 능가한다는 상식에 맞

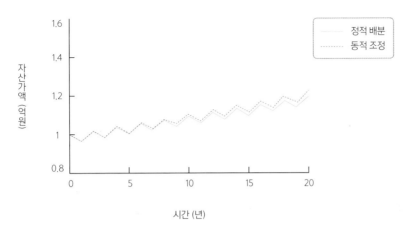

[그림 8.2] 50대50 비율을 맞추기 위해 자산배분을 매년 재조정하는 경우

다. 평균회귀경향을 보이는 투기자산에 대한 일방적인 뚝심은 100점짜리 답안이 될 수 없다. 평균회귀경향이란 오른 가격은 언젠간 내리고 내린 가격은 또 언젠간 오르는 성질을 가리킨다.

단, 여기엔 중요한 전제조건이 있다. 동적 조정 과정에서 수수료 등 마찰비용이 발생하지 않는다는 가정이다. 그런 경우는 실제론 존재하지 않는다. 마찰비용만큼 수익은 반드시 줄어든다. 그렇기에 경우에 따라선 '정적 배분' 쪽이 '동적 조정'보다 결과적으로 더 나을 수 있다.

투기자산이 평균회귀경향을 보이는 경우 '동적 조정'이 왜 더 나은 결과를 보이는지를 이해해보자. 어떤 해에 투기자산이 안전자산보다 더 오르면 50 대 50 비율을 맞추기 위해 투기자산 일부를 줄인다. 결과적으로 다음 해에 투기자산이 내릴 때 손대지 않고 내버려둔 쪽보다 손실 규모가 작다. 반대 상황도 마찬가지다. 어떤 해에 투기자산 수익이 안전자산에 못 미치면 줄어든 만큼 인위적으로 다음 해 초에 투기자산을 늘린다. 그만큼 다음 해 수익이 늘어난다.

혹시 투기자산이 내린 다음 해에 항상 오른 탓에 수익이 났다는 의구심이 들었을지도 모르겠다. 그건 중요하지 않다. 가령 〔그림 8.3〕에서 보였듯이, 5년씩 연달아 오르거나 내리는 경우에도 최종결과는 같다. 내릴지 말지 고민하지 말고 꾸준히 해야 한다는 얘기다. 물론 결과적으로 20번 중에 정확히 10번씩 오르고 내렸다는 사실은 중요하다. 오르고 내릴 확률이 50퍼센트라 생각하고 매년 조정했는데 실제 다른 빈도로 등락하면 예상치 못한 손해나 이익이 발생한다.

평균 로그수익률은 여전히 같으면서 오르고 내리는 폭이 다른 경우 어떻게 될까? 예를 들어 오를 때 로그수익률이 0.3이고 내릴 때 로그수익률이 -0.28이라고 하면 등락에 따른 강도는 (0.1, -0.08)보다 확연히 크다. 평균 로그수익률은 여전히 0.01로 예금과 같다. 이 경우 '동적 조정'이 '정적 배분'을 상대로 아까보다 더 큰 수익을 거둘 수 있을까?

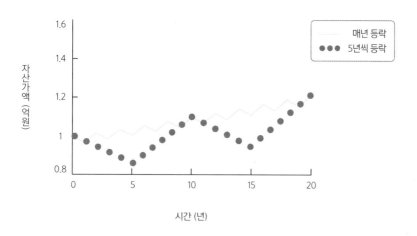

[그림 8.3] 투기자산의 등락 순서에 따른 '동적 배분' 자산가액

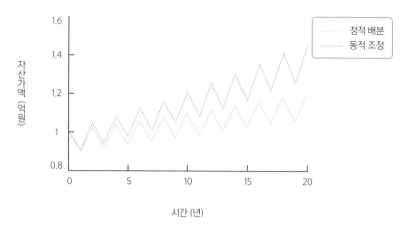

[그림 8.4] 투기자산 연간로그수익률이 0.3과 −0.28을 반복할 때 정적 배분과 동적 조정

실제로 등락 폭이 증가할수록 '동적 조정'은 더 큰 수익을 거둔다. 〔그림 8.4〕를 통해 이 사실을 확인할 수 있다. 20년 후 '동적 조정' 자산가액은 1.506억 원으로 '정적 배분'보다 3천만 원 가까이 크다.

지금까지 예금과 투기자산이 동일한 평균 로그수익률을 가질 때를 살펴봤다. 마지막으로 궁금한 사항은 투기자산이 안전자산인 예금과 다른 로그수익률을 갖는 경우 어떻게 될까다. 앞에서 비교해본 세 가지 전략, 즉 '앞뒤 몰빵', '정적 배분', '동적 조정' 간 우열에 변화가 있을지가 주된 관심사다. 확인해보자.

비교가 가능하도록 투기자산이 오를 때 로그수익률만 변화를 주고 나머지는 위와 같다고 하자. 오를 때 연간로그수익률로 0.12, 0.08, 0.06, 0.04의 네 값을 가정하자. 각 값에 해당하는 투기자산 평균 연간로그수익률은 0.02, 0, −0.01, −0.02다. 첫 번째는 안전자산 로그수익률보다 큰 경우고, 두 번째는 투기자산에서 평균적으로 수익이 발생하지 않는 경우고, 세 번째는 안전자산에서 발생하는 수익을 투기자산에서 평균적으로 까먹는 경우고, 마지막 네 번째는 투기자산에서 발생하는 평균적 손실이 안전자산 수익보다도 절댓값으로 큰 경우다.

〔표 8.1〕에 모든 결과를 정리해 나타냈다. 투기자산 평균 로그수익률이 0 이상인 경우, '동적 조정'이 가장 우세하고, 그다음 '정적 배분', 꼴찌가 '앞뒤 몰빵'인 앞에서 본 순서에 변함이 없다. 그러나 투기자산 평균 로그수익률이 0보다 작은 경우, '정적 배분'과 '동적 조정' 간 순위가 바뀐다. '앞뒤 몰빵'은 언제나 3등이다.

위 결과로 보건대, '앞뒤 몰빵'을 선택할 이유는 없어 보인다. 투기자산에서 평균적으로 수익이 발생하는 한 '동적 조정'이 '정적 배분'보다 더 낫다. 여기서 평균은 여러 자산으로 구성된 공간적 평균이 아니고 특정 투기자산에 대한 시간적 평균이다.

하지만 투기자산에서 시간 평균적으로 수익이 발생한다는 내 기대가 반드시 맞다는 보장은 사실 없다. 최악의 상황에 대한 대비라는 면으론 '정적 배분'이 우수하다. 게다가 자산배분 조정을 빈번하게 할수록 마찰비용으로 인한 손실도 삽시간에 불어난다. 이러한 사실들

투기자산 평균 연간로그수익률	앞뒤 몰빵	정적 배분	동적 조정
0.02	1,350억 원	1,357억 원	1,384억 원
0.01	1,211억 원	1,221억 원	1,246억 원
0	1,105억 원	1,111억 원	1,123억 원
−0.01	1억 원	1,020억 원	1,013억 원
−0.02	0.905억 원	0.946억 원	0.915억 원

[표 8.1] 투기자산 평균 로그수익률에 따른 전략별 20년 후 최종자산가액

을 감안하면 '정적 배분'도 충분히 선택 가능한 대안이다.

　　노파심에 한마디 더 하면서 이 장을 마치자. 위에서 연간을 기준으로 얘기했지만 월간이나 일간이라고 해서 달라질 게 없다. 구체적 숫자만 바뀔 뿐 위 결론은 그대로 유효하다는 얘기다. 연간이든 일간이든, 혹은 초당 수백 번 이상 주문을 내는 고빈도 거래든, 투기 원리는 공통적이다.

9

오르내림이 동시적이거나 독립적이면 무슨 일이 생기나?

투기자산은 본래 제각각이다. 금 가격이 오른다고 해서 애플 주식 가격도 올라야 할 특별한 이유는 없다. 물론 그럴싸한 얘기를 들으면 또 그런가 보다 싶다. 가십거리에 늘 목말라하는 인간의 속성 때문이다. 심지어는 무작위해 보이는 가격 변화에서 규칙을 인식하기도 한다. 적지 않은 경우 환상의 산물이다. 그러나 다수가 환상을 실제라고 믿으면 실제로 실제가 되기도 한다. 아이러니한 일이다.

자산 바구니에 여러 투기자산을 담으면 어떻게 될까? 7장에서 바구니에 두 자산을 담는 경우를 살펴봤지만 개별자산 로그수익률은 시간에 대해 불변이었다. 다시 말해 가격 휘발도가 0인 경우였다. 8장에서는 안전자산과 투기자산을 하나씩 바구니에 담을 때를 다뤘다. 이번 장은 개별자산 휘발도가 0이 아닌 일반적인 경우를 다룬다.

기존 금융이론은 다각화를 금과옥조처럼 여긴다. 바구니에 한 가지만 담기보다는 두 가지를 담으라고 가르친다. 둘보다는 셋, 셋보다는 넷이 더 낫단다. 그들에게 다각화로 인한 혜택은 성배와 같다. 수익률 표준편차로 정의된 리스크가 감소한다는 이유에서다. 그들 중 일부는 이를 두고 "금융시장에서 유일하게 존재하는 공짜 점심"이라고까지 말한다.

다각화로 인한 혜택을 직접 확인해보자. 여러분 바구니에 우선 미국 달러로 천 달러가 담겨 있다고 하자. 혹시 미국 달러는 안전자산 아니냐는 생각이 들었을지도 모르겠다. 한국 사람 입장에서 미국 달러는 분명히 투기자산이다. 수익률이 확실하지 않은, 다시 말해 가격이 변하는 자산을 투기자산으로 정의하기 때문이다. 미국 달러와 한국 원 사이 환율이 변하면 천 달러의 가치도 변한다.

이제 여러분 바구니에 새로운 투기자산을 추가해보자. 추가할 후보로 요르단 디나르, 레바논 파운드, 사우디아라비아 리얄, 지부티 프랑 중에 하나를 골라보자. 어느 걸 골라도 공짜 점심은 확실해 보인다. 미국과 이 나라들 사이에 무슨 공통점이 있을지 영 의문스럽다. 돈 이름도 다 제각각이다. 여러분은 이 중 어느 외국 돈이 맘에 드는가? 기왕이면 5분의 1씩 담는 게 정답일 듯도 싶다.

정답은 이렇다. 어느 걸 골라도 바구니에 다각화 혜택은 전혀 생기지 않는다. 담는 비율을 달리해도 마찬가지다. 왜냐하면 위 외국 돈들은 모두 미국 달러에 못질이 된, 즉 고정된 돈이기 때문이다. 다시 말해 미국 달러의 가격이 오르면 언제나 오르고, 내리면 언제나 내린다. 오르고 내리는 폭도 정확히 같다. 예를 들어 소말리아 옆에 있는 지부티의 프랑은 1973년 이래로 미국 달러 1과 177.721의 비율로 교환된다. 지부티가 그렇다는 얘기는 아니지만, 국가가 자국 산업 보호를 포기하면 이런 일도 할 수 있다.

물론 위 경우는 극단적 예다. 일반적인 투기자산 사이에서 위 같

순서	확률	A: 로그수익률 = 0 휘발도 = 5%	B: 로그수익률 = 0 휘발도 = 10%	C: 로그수익률 = 0.04 휘발도 = 10%
1	0.0001%	2.65	6.73	14.97
2	0.002%	2.40	5.50	12.25
3	0.02%	2.17	4.50	10.02
4	0.1%	1.97	3.68	8.20
5	0.5%	1.78	3.01	6.71
6	1.5%	1.61	2.47	5.49
7	3.7%	1.46	2.02	4.49
8	7.4%	1.32	1.65	3.67
9	12.0%	1.19	1.35	3.01
10	16.0%	1.08	1.11	2.46
11	17.6%	0.98	0.90	2.01
12	16.0%	0.88	0.74	1.65
13	12.0%	0.80	0.61	1.35
14	7.4%	0.72	0.50	1.10
15	3.7%	0.65	0.41	0.90
16	1.5%	0.59	0.33	0.74
17	0.5%	0.54	0.27	0.60
18	0.1%	0.48	0.22	0.49
19	0.02%	0.44	0.18	0.40
20	0.002%	0.40	0.15	0.33
21	0.0001%	0.36	0.12	0.27
가격평균		1	1	2.23

[표 9.1] 일간휘발도가 5%와 10%고 일간로그수익률이 0과 0.04일 때 20일 후 가격분포

은 관계를 기대하긴 어렵다. 그럼에도 극단적 예를 살펴본 이유는 다각화가 언제나 이롭다는 주장의 한계를 파악하기 위해서다. 이제 위로부터 조건을 하나씩 변화시키면서 다각화로 인한 긍정적 효과가 실제로 있는지, 있다면 얼마나 될지 파악해보자.

〔표 9.1〕에 세 종류 투기자산을 나타냈다. 첫 번째 열에 나타낸 A는 일간로그수익률이 0이고 일간휘발도는 위아래 똑같이 5퍼센트다. 두 번째 열인 B는 A처럼 일간로그수익률은 0이지만 일간휘발도는 위아래 대칭으로 10퍼센트다. 세 번째 열에 해당하는 C는 일간휘발도가 B와 같은 10퍼센트지만 일간로그수익률은 0.04다. 애초 가격이 1이었던 각 투기자산이 20일 후에 어떤 가격분포를 보이는지를 해당 확률과 함께 표에 정리했다.

먼저 어떤 특별한 이유가 있어 두 자산이 동시에 오르내리는 경우를 살펴보자. 가령 A가 어제 오르면 B도 올라야 하고, 오늘 A가 떨어지면 B도 항상 떨어지는 메커니즘이 있다고 하자. 이 경우 20일 후 A가 0.0001퍼센트의 확률로 2.65를 기록하면 B는 반드시 6.73이기 마련이다. 이런 식으로 A와 B 가격 사이에 일대일 대응관계가 발생한다.

처음에 A와 B를 각각 5천만 원씩 담은 바구니는 20일 후 어떤 가액분포를 가질까? 〔그림 9.1〕에서 볼 수 있듯이, 각 순서에 해당하는 A, B 가격을 평균한 값과 같다. 이를테면 바구니 최고가액은 A의 최고가격 2.65억 원과 B의 최고가격 6.73억 원을 평균한 4.69억 원이다.

다각화 혜택이 있다고 얘기할 수 있을까? 그렇게 얘기할 수는 없다. 가령 바구니 최소가액은 0.24억 원이다. 최소가격이 0.12억 원인 B 관점으로 보면 높아진 만큼 리스크가 줄어든 것처럼 보인다. 하지

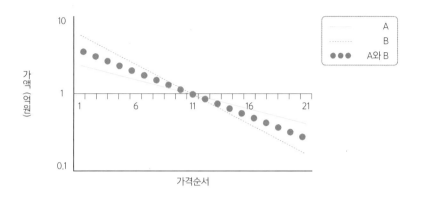

[그림 9.1] A와 B에 동시적인 메커니즘이 있을 때 20일 후 바구니 가액분포

만 최소가격이 0.36억 원인 A 관점에선 오히려 나빠진 셈이다. 일방적으로 좋다고만 볼 수는 없다.

원금손실을 볼 확률은 어떨까? A와 B는 둘 다 원금손실확률이 약 59퍼센트로 같다. 바구니도 같은 값이 나온다. 즉, 여기서도 다각화 혜택은 눈에 띄지 않는다.

마지막으로, 기대로그수익률 상에 이득이 있을지 확인해보자. A와 B는 모두 일간로그수익률 평균이 0이다. 20일 후 바구니 가액 평균은 계산해보면 1억 원이다. 즉, 최초가액과 같으므로 기대로그수익률도 0이다. 다시 말해 기대로그수익률 상으로도 다각화로 인한 혜택은 발견되지 않는다.

아직 실망하기엔 이르다. 이번에는 일간휘발도는 10퍼센트로 같으면서 일간로그수익률이 0과 0.04로 서로 다른 자산을 섞어보자. B와 C를 각각 5천만 원씩 담은 바구니는 어떤 성질을 보일까? [그림 9.2]에 바구니 가액분포를 나타냈다.

여기선 기대로그수익률을 먼저 확인해보자. 20일 후 바구니 가액 평균은 1.613억 원이다. 이를 일간로그수익률 평균으로 환산하면 ln(1.613) 나누기 20으로서 0.024다. 즉, 개별자산 로그수익률 0과 0.04의 산술평균보다 높다. 이는 7장에서 이미 확인했던 사항이다.

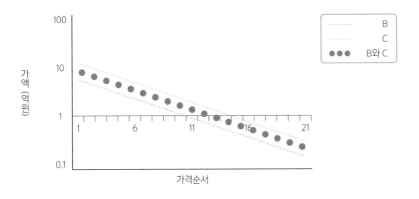

[그림 9.2] B와 C에 동시적인 메커니즘이 있을 때 20일 후 바구니 가액분포

나머지 사항은 별다른 게 없다. 바구니 최소가액은 B보다는 크고 C보다는 작다. C는 로그수익률 평균이 B보다 크기에 전체적으로 B보다 가격이 높다. 따라서 바구니 가액이 원금 1억 원에 미치지 못할 확률은 약 25퍼센트로 줄었다. 하지만 이는 C가 바구니에 담긴 덕분이다. 바구니 가액이 기댓값 1.613억 원에 미달할 확률은 여전히 약 59퍼센트다. 같은 조건이라면 C만 담는 쪽이 B와 C를 같이 담는 쪽보다 더 낫다. 즉, 이 경우도 다각화 혜택이 있다고 얘기하기는 어렵다.

이번엔 위와 상반되는 경우를 살펴보자. 바로 어떤 특별한 원인으로 인해 두 자산이 정반대로 오르내리는 경우다. 예컨대 어제 A가 오르면 B는 내리고, A가 오늘 내리면 B는 반드시 오르는 상황을 가정하자. 일례로 A가 확률 3.76퍼센트로 1.46이 되면 B는 자동적으로 0.41이다. 즉, 여기서도 A와 B 가격 사이에 순서만 바뀔 뿐 일대일 대응관계는 여전하다.

상반된 A와 B를 원금 5천만 원씩 담은 바구니는 20일 후 어떤 가액분포를 보일까? [그림 9.3]을 보면 동시적일 때와 확연히 다름을 확인할 수 있다. 가장 현저한 특징은 최소가액이 0.9억 원으로 원금에 근접한다는 사실이다. 리스크가 줄었다고 이해해도 무리가 없다. 두 투기자산 사이에 상반적 가격 변화를 야기하는 메커니즘이 있다면 다각화 혜택이 존재함을 확인한 셈이다.

로그수익률이나 원금손실확률 같은 성질은 어떨까? 바구니 로그수익률은 개별자산과 같은 0으로서 아무런 차이가 없다. 원금손실확률은 흥미롭게도 약 74퍼센트다. 59퍼센트 정도였던 동시적 바구니보다도 나쁜 결과다. 역시나 공짜 점심은 있기 어렵다.

B와 C 사이에 상반적 메커니즘이 있는 경우에도 특별한 사항은 없다. 바구니 일간로그수익률 평균은 동시적일 때와 똑같은 0.024다. 20일 후 바구니 가액이 자신의 기댓값 1.613억 원에 미달할 확률도 위 원금손실확률과 같은 74퍼센트다.

마지막으로 한 가지 경우를 더 살펴보자. 바로 두 투기자산이 서로 독립적인 경우다. 이제 A와 B는 서로 아무 관계없이 오르고 내린다. 독립적 바구니는 20일 후 가액으로 441가지 가능성을 가진다. 손이 좀 가긴 하지만 가액분포와 해당 확률을 구하는 게 불가능하진 않다.

최대가액과 최소가액 관점에서 독립적 바구니는 동시적 바구니

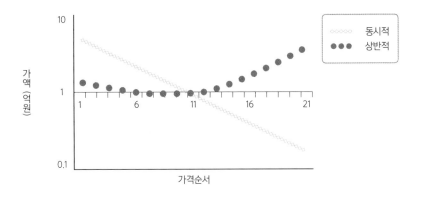

[그림 9.3] A와 B에 상반적인 메커니즘이 있을 때 20일 후 바구니 가액분포

와 다르지 않다. 말하자면 독립적인 A와 B로 구성된 바구니 최대가액은 4.69억 원으로 동시적 바구니와 같고, 최소가액도 0.24억 원으로 동시적 바구니와 일치한다.

다만, 확률에선 차이가 난다. 동시적 바구니가 최대가액이나 최소가액을 가질 확률이 0.0001퍼센트인 반면, 독립적 바구니는 0.00000000009퍼센트다. 그러나 이 정도 차이를 두고 혜택을 얘기하긴 섣부르다. 너무 작은 확률은 신뢰성 관점에서 의미를 부여하기 어렵다고 5장에서 이미 지적했다.

기대로그수익률 관점에서 독립적 바구니에 다각화 혜택은 발견되지 않는다. 독립적인 A와 B로 구성된 바구니는 일간로그수익률 평균이 0이고, 독립적인 B와 C로 구성된 바구니는 0.024로 다른 바구니와 같다.

아마도 가장 큰 관심사는 원금손실확률일 테다. 실제로 계산 결과를 얻기 전엔 나도 궁금했다. 결과는 약 58퍼센트로 동시적 바구니

59퍼센트보다 미세하게 작다. 이 정도를 갖고 손에 잡히는 다각화 혜택이라고 얘기할 수 있을지는 확실치 않다.

추가적으로 A의 휘발도는 유지하면서 B의 휘발도를 변화시켰을 때를 확인해보자. [표 9.2]에 의하면, 독립적 바구니의 원금손실확률은 동시적 바구니보다 나쁘거나 혹은 거의 같다. B의 일간휘발도가 30퍼센트와 50퍼센트일 때는 동시적 바구니와 거의 같은 반면, 20퍼센트와 40퍼센트일 때는 6퍼센트 이상 더 높다.

원금손실확률 관점에서 상반적 바구니가 동시적 바구니보다 더 나빴음을 감안하면 독립적 바구니도 동시적 바구니보다 좋지 않을 가능성은 충분하다. 이 말은 독립적 바구니에 다각화 혜택이 아예 없다는 얘기일 수 있다.

위에서 내린 잠정 결론은 꽤 충격적이다. 기존 금융이론에선 두 자산 간 수익률 상관계수가 1이 아닌 한 다각화 혜택이 존재한다고 가르친다. 상반적 자산 간 수익률 상관계수는 -1이고, 독립적 자산 간 수익률 상관계수는 0이다. 하지만 지금까지 확인한 대로라면 상반적 자산쌍에서 발생하는 혜택도 일방적이지 않으며, 독립적 자산쌍에선 혜택이 불분명하다.

B 일간휘발도	독립적 바구니	동시적 바구니
20퍼센트	66.8%	58.8%
30퍼센트	73.3%	74.8%
40퍼센트	81.5%	74.8%
50퍼센트	86.5%	86.8%

[표 9.2] B의 일간휘발도를 변화시켰을 때 독립적 바구니의 원금손실확률

이러한 불일치는 리스크를 구체적으로 어떻게 정의하냐에 달린 문제다. 원금손실확률로 정의한 리스크에서 독립적 바구니에게 혜택이 있음을 증명할 방법은 없어 보인다. 반면, 가액이 원금 70퍼센트 미만으로 줄어들 확률을 리스크로 규정하면 혜택이 있다. 〔표 9.1〕에 나온 A와 B가 동시적일 때 확률은 약 13퍼센트지만, 독립적일 때 확률이 약 9퍼센트기 때문이다. 상반적이라면 확률은 아예 0이다. 5장에서도 얘기했듯이 리스크를 다차원으로 정의해서 문제될 일은 없다.

10

상관계수가 음수인
자산끼리 섞으면 꼭 좋을까?

9장에서 검토한 바구니는 세 종류였다. 이름하여 동시적, 상반적 그리고 독립적 바구니다. 그중 다각화 혜택이 가장 분명한 쪽은 상반적 바구니였다. 그러나 기존 금융이론이 주장하듯 단점은 없고 장점만 있는 만병통치약은 아니었다. 상반적 자산쌍으로 바구니를 구성하면 최대손실이 작아지는 혜택이 있다. 하지만 원금손실확률은 오히려 커진다.

　과거에 금융이론 책을 접한 사람이라면 9장에서 상반적 바구니를 묘사하는 방식이 뭔가 껄끄럽게 느껴졌을 테다. "두 투기자산 간에 상반적 가격 변화를 야기하는 메커니즘"을 전제하고 있어서다.

　기존 금융이론은 메커니즘을 상정하는 수고로움을 도외시한다. 그러곤 곧장 상관계수로 직행한다. 상관계수가 -1이거나 -1에 가까우면 리스크를 완전히 제거할 수 있단다. 실제에서 두 투기자산 간 상관계수가 -1에 가까운 경우는 좀처럼 눈에 띄지 않는다. 물론 그런 경우가 있다면 그보다 더 좋은 일은 없다.

상관계수가 –1에 가까운 경우 다각화 혜택이 생기는 이유를 그들은 다음처럼 설명한다. 상관계수가 –1이라는 말은 한 투기자산이 오르면 다른 투기자산이 내린다는 뜻이다. 그렇기 때문에 한 자산에서 발생하는 손실을 다른 자산으로 메울 수 있다. 결국 수익률 변동성을 없애면서 꾸준하고 안정적인 수익을 얻는다. 상관계수가 1에 가까운 경우는 정반대다. 한 투기자산이 내릴 때 다른 투기자산도 따라 내리니 아무런 다각화 혜택도 얻지 못한다.

이번 장에서는 두 투기자산 간 상관계수가 1이나 –1에 가까울 때를 살펴보려 한다. 기존 금융이론에서 얘기하는 상관계수는 언제나 수익률 간 상관계수다. 두 수익률이 동시적이면 1에 가까운 상관계수가 계산된다. 반대로 두 수익률이 상반적이면 –1에 가까운 상관계수가 나온다. 변동성으로 정의된 리스크가 전혀 줄지 않거나 혹은 반대로 사라진다는 이 경우에 실제로 무슨 일이 벌어지는지 확인해보자.

첫 번째 사례의 상관계수는 0.997이다. 그냥 1이라고 해도 될 정도로 1에 가깝다. 두 투기자산이 어떤 상황인지 좀 더 구체적으로 알아보자.

투기자산 A와 B는 초기가액이 모두 1억 원이다. 이후 A는 홀숫날에는 200만 원 수익을, 짝숫날에는 100만 원 손실을 본다. B는 홀숫날에 150만 원 이익을, 짝숫날에는 300만 원 손실을 본다. 이렇게 20일간 거래된 후 상관계수를 구한 결과가 0.997이다. 홀숫날에는 A와 B 둘 다 수익률이 양이고, 짝숫날에는 둘 다 수익률이 음이니 1에 근접한 상관계수는 당연하다. A와 B 간 상관계수가 1에 비슷하니 두 자산 가격은 궁극적으로 같이 오르거나 내렸을 것 같다.

실상은 그렇지 않다. 〔그림 10.1〕은 20일 동안 A와 B 가액 변화를 보여준다. 한눈에 보기에도 A는 상승, B는 하락이다. 이보다 더 확연하게 방향이 갈리기 어려울 정도다. 한마디로 이 경우 상관계수는 최종적 가액 변화를 정반대로 예측했다.

두 번째 사례는 첫 번째 사례와 대칭이다. 〔그림 10.1〕에 나온 투기자산 A와 새로운 투기자산 C는 상관계수가 −0.999다. 엄밀하게는 −0.9997이라 소수점 넷째자리에서 반올림하면 −1이다. 상관계수가 −1에 가까우므로 A와 C는 서로 반대 방향을 지향할 것 같다.

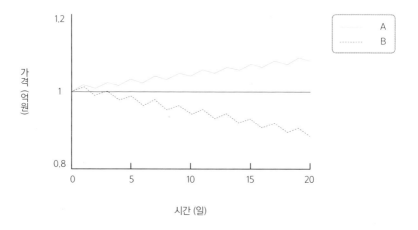

[그림 10.1] 상관계수가 0.997인 두 투기자산 A와 B의 20일간 가액변화

C는 A가 오르는 홀숫날 150만 원 손실, A가 내리는 짝숫날 300만 원 이익을 거두는 투기자산이다. 당연히 −1과 비슷한 상관계수가 나온다. 사실, 〔그림 10.2〕를 보면 둘은 결국 같이 상승했다. 이번에도 상관계수만 놓고 보면 최종가액 변화 예측에 헛다리 짚는다.

세 번째 사례도 상관계수가 −0.9996으로 −1에 가깝다. 투기자산 D는 홀숫날 200만 원 손실, 짝숫날 200만 원 이익을 얻는다. A와 일

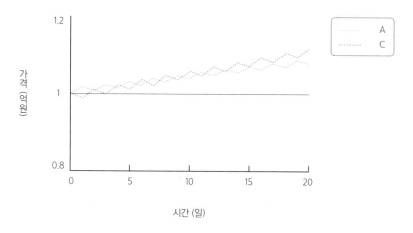

[그림 10.2] 상관계수가 -0.9997인 두 투기자산 A와 C의 20일간 가액변화

간수익률 부호가 언제나 반대다. 상관계수대로라면 A가 1억 원에서 1.1억 원으로 오르는 동안 B는 내려야 마땅할 듯싶다.

〔그림 10.3〕에 의하면 그렇지 않다. D는 등락을 거듭한 후 결국 제자리로 돌아왔다. 하나가 오르는 동안 다른 하나가 제자리라면 독립적이라고 할 만하다. 〔그림 10.3〕은 상관계수가 -1이어도 서로 무관한 최종가액 변동이 가능함을 보여준다.

내가 얘기하고 싶은 핵심은 이렇다. 상관계수가 음이라는 이유만으로 다각화 혜택이 "반드시" 발생한다고 기대할 수 없다. 그렇기에 상관계수에 의존하는 이론은 모래로 지은 성에 가깝다.

상관계수에 내재된 근본적 한계를 실감할 수 있는 또 다른 사례를 알아보자. 〔표 10.1〕에 나타낸 네 쌍의 데이터를 한번 살펴보자. 첫 번째부터 세 번째 쌍까지는 X가 같다. Y는 모두 제각각이다. 네 번째 쌍은 X도 다르다. 얼핏 보면 서로 간에 아무런 유사점이 없는 듯하다.

사실, 〔표 10.1〕에 나온 데이터들은 여러 공통점을 가진다. 우선

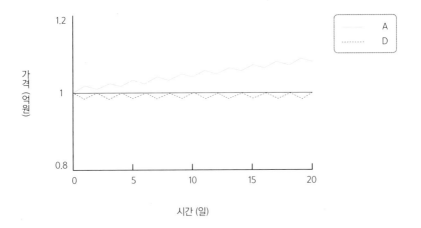

[그림 10.3] 상관계수가 −0.9996인 두 투기자산 A와 D의 20일간 가액변화

순서	첫 번째 쌍		두 번째 쌍		세 번째 쌍		네 번째 쌍	
	X	Y	X	Y	X	Y	X	Y
1	4	4.26	4	3.1	4	5.39	8	5.25
2	5	5.68	5	4.74	5	5.73	8	5.56
3	6	7.24	6	6.13	6	6.08	8	5.76
4	7	4.82	7	7.26	7	6.42	8	6.58
5	8	6.95	8	8.14	8	6.77	8	6.89
6	9	8.81	9	8.77	9	7.11	8	7.04
7	10	8.04	10	9.14	10	7.46	8	7.71
8	11	8.33	11	9.26	11	7.81	8	7.91
9	12	10.84	12	9.13	12	8.15	8	8.47
10	13	7.58	13	8.74	13	12.74	8	8.84
11	14	9.96	14	8.1	14	8.84	19	12.5

[표 10.1] 서로 같은 상관계수를 갖는 네 쌍의 데이터 예

X 평균이 모두 9다. Y 평균 또한 7.5로 모두 같다. 그뿐만이 아니다. 표준편차를 제곱한 분산도 서로 일치한다. X는 정확히 11이고, Y는 4.125에서 0.003만큼 더하거나 뺀 범위에 든다.

가장 재미있는 결과는 상관계수다. 이들 네 쌍 데이터는 상관계수가 모두 0.816이다. 다시 말해 상관계수만 놓고 보면 〔표 10.1〕에 나온 데이터 쌍은 서로 동등하다. 하지만 이들이 서로 같은 성질을 갖고 있다고 얘기하기는 어렵다. 일방적으로 상관계수에만 의존하면 어설프다 못해 위태로운 지경에 이르게 된다.

〔표 10.1〕을 그래프로 보면 한눈에 그 차이를 느낄 수 있다. 〔그림 10.4〕는 통계 분야에서 유명한 그래프다. 평균이나 상관계수 같은 통계량에 지나친 의미를 부여하는 관행을 경고하려고 예일대의 프랭크 앤스콤이 직접 만든 데이터다. 그의 이름을 따서 '앤스콤의 사중주'라고도 부른다.

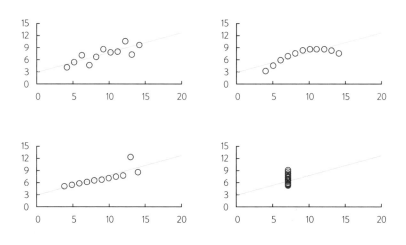

[그림 10.4] [표 10.1]에 나온 네 쌍의 데이터를 나타낸 일명 '앤스콤의 사중주

앞 내용을 요약해보자. 두 투기자산 간 상관계수가 –1이면 변동성이 완전히 제거된다고 그들은 말해왔다. 실제에서 반드시 그렇게 된다는 보장은 없다. 상관계수가 사실상 –1이어도 거시적 가격 변동은 완전히 제각각일 수 있어서다. 앞에서 든 예들은 –1에 가까운 상관계수에도 불구하고 오르고 내리는 변동 폭이 꼬이면 소용없다는 증거다.

그게 끝이 아니다. 완벽히 상반적인 바구니조차 변동성을 완전히 없앨 수 없다는 문제가 있다. 완벽히 상반적인 경우란 오르고 내리는 폭마저도 같은 경우다. 이때 바구니 변동성이 0이 되는 이유는 한 자산이 오르는 만큼 다른 자산이 내리기 때문이다. 하나의 단위기간에 대해서는 위 말이 성립한다. 이 경우 상관계수는 완벽해 보인다.

그러나 기간이 길어지면 그렇지 않다. 간단한 수치 예로써 증명하자. 서로 상반적인 두 투기자산 A와 B를 각각 1억 원씩 바구니에 넣자. 바구니 최초가액은 2억 원이다. A와 B는 단위기간 가격휘발도가 모두 ±30퍼센트라고 하자. 첫 번째 단위기간 경과 후 A가 1.3억 원이 되면 B는 0.7억 원이다. 반대로 A가 0.7억 원이 되면 그때는 B가 1.3억 원이다. 어느 쪽이든 바구니 가액은 2억 원으로 같다. 이때까지 변동성은 0이다.

첫 번째 단위기간 후 1.3억 원이었던 A가 두 번째 단위기간 중 내려갔다고 해보자. 그때 A 가액은 0.91억 원이다. 동시에 첫 번째 단위기간 후 0.7억 원이었던 B는 올라야 한다. 0.7억 원에 1.3을 곱한 값은 다시 0.91억 원이다. A와 B를 합한 바구니 가액은 1.82억 원에 지나지 않는다. 즉, 수익률 변동성이 다시 나타난다.

1.3억 원이었던 A가 두 번째 단위기간 중 올라갔다고 해도 결론은 달라지지 않는다. 이 경우 A는 1.3억 원에 1.3을 곱한 1.69억 원이

된다. 상반적인 B는 이제 0.49억 원으로 준다. 합치면 2.18억 원이다. 제거했다고 생각했던 변동성이 다시 나타남은 여기서도 마찬가지다.

결과적으로, 두 자산 간 −1이라는 상관계수와 완벽히 상반적인 특성에도 불구하고 바구니 수익률 변동성은 0이 아니다.

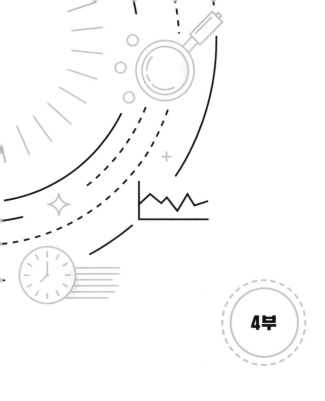

4부

돈과 자산의 시간 변환

11

선형적 리스크 프리미엄은
어느 할인율에 존재하나?

1부에 해당하는 1장부터 3장에서 투기자 수익률을 다뤘다. 4부의 시작인 이번 장부터 14장까지는 돈과 자산에 대한 시간 변환을 다룬다. 좀 더 구체적으론 할인율이 대상이다. 수익률과 할인율은 서로 쌍을 이룬다. 수익률은 현재 돈을 미래로 투사하는 볼록렌즈다. 할인율은 미래 돈을 현재로 가져오는 오목렌즈다.

할인 원리는 사실 별 게 없다. 수익을 뒤집은 게 할인이기 때문이다. 출발점은 이른바 가장 안전한 자산 혹은 가장 확실한 자산이 존재하는가다.

예를 들어 1년 후에 하늘이 두 쪽 나도 1퍼센트 이자와 원금을 돌려주겠다는 자산 A가 있다고 해보자. 물론 "하늘이 두 쪽 나도 돌려준다."는 말을 너무 믿으면 곤란하다. 종종 지켜지지 않기 때문이다. 하지만 이번 경우만큼은 지켜진다고 가정하자. 현재 있는 현금 1억 원과 A를 맞바꾸면, 1년 후 1.01억 원, 즉 1억백만 원이 돌아온다.

다시 말해 지금 1억 원은 1년 뒤 1.01억 원으로 변환 가능하다.

할인은 위 과정을 뒤집는다. 현재 1억 원이 1년 후 1.01억 원과 같다면, 1년 후 1억 원은 지금 돈으로 얼마냐를 묻는다. 답은 쉽다. 비례 관계, 즉 1:1.01＝x:1을 이용하면 된다. 결론적으로, 1년 후 하늘이 두 쪽 나도 돌아오는 "확실한" 1억 원은 지금 돈으로 1억 원 나누기 1.01로서 9천9백만 원 정도다. 미래에 받을 돈에 대해 원금이 이자만큼 불어난 비율로 나누면 현재 돈으로 얼마인지 계산 가능하다.

실제 자산 중 가장 안전한 자산엔 무엇이 있을까? 돈을 빌리는 주체가 국가인 국채가 가장 대표적인 예다. 은행예금도 국가별로 운영하는 예금자보호제도 한도 이내라면 확실한 자산으로 간주할 수 있다.

가장 안전한 자산이 약속하는 수익률을 '리스크 없는 수익률'이라고 부른다. 여기서 리스크는 수익률 변동성과 무관하다. 국채 수익률이나 예금 이자율도 시간이 지남에 따라 실제로 변하기 때문이다. 여기서 리스크가 없다는 의미는 정해진 날짜에 확실히 돈을 돌려받는다는 의미다. 즉, 부도 가능성이 0임을 가리킨다. '무 부도수익률'이나 '안전수익률'이라고 불러도 지장은 없다.

지금까지 한 얘기는 별로 논란거리가 못 된다. 정리하자면, 확실한 미래 돈을 현재 가격으로 바꾸려면 안전수익률을 할인율로 삼으면 된다는 얘기다. 용어를 조금 손대긴 했지만 기존 금융이론도 위와 크게 다르지 않다. 문제는 지금부터다.

표준적인 금융이론에 의하면, 일반적 할인율은 시간과 리스크에 대한 보상으로 결정된다. 시간은 일차적으론 안전수익률이 담당한다. 여기서 리스크는 다시 수익률 변동성과 관련된 특별한 값이다. 변동성은 변동성인데, 주식시장 전체와 함께 수익률이 변하는 상대적

강도를 나타내는 값으로서, '베타'라고도 부른다.

사람들이 기존 금융이론을 접할 때 가장 어려움을 느끼는 대상이 바로 베타다. 교과서에 식이 정의돼 있고[*] 설명도 있지만 잘 실감이 나지 않는다. 핵심 개념을 정리해보자.

기존 금융이론은 모든 투기자가 주식시장 전체를 그대로 따라한 포트폴리오만 가져야 한다고 가정한다. 이 책의 용어로 표현하자면 '시장바구니'만 합법적이다. 그러고 나면 시장바구니 자체의 수익률과 변동성이 개별투기자산을 평가하는 기준이 된다. 가령 시장바구니수익률이 1만큼 움직일 때 어떤 투기자산 수익률이 0.8만큼 움직이는 경향이 있으면 그 투기자산의 베타는 0.8이다. 다시 말해 각 투기자산은 베타를 하나씩 갖는다.

미래에 받을 돈이 확실하다면 안전수익률로 할인하면 그만이다. 그렇지만 모든 돈이 확실하지는 않다. 표준적인 금융이론에 의하면, 리스크가 존재하는 만큼 할인율이 높아져야 한다. 이때 리스크는 베타다. 베타가 크면 할인율도 크고 베타가 작으면 할인율도 작다. 할인율이 커지면 미래에 받을 돈은 그만큼 현재 관점에서 작아진다. 똑같은 돈이어도 리스크가 큰 쪽이 리스크가 작은 쪽보다 현재 돈으로 적은 금액이라는 얘기다.

위 얘기를 수식으로 정리하면 다음과 같다.

개별자산할인율 − 안전수익률 = 베타 × (시장바구니수익률−안전수익률)

---

[*] 공식적으로 베타는 시장바구니 수익률과 개별자산 수익률 간 공분산을 시장바구니 수익률 분산으로 나눈 값이다.

위 식의 좌변, 즉 개별자산할인율이 안전수익률보다 얼마나 높아지는지를 가리켜 리스크 프리미엄이라고 부른다. 또한 시장바구니 수익률과 안전수익률 간 차이, 즉 우변에서 베타에 곱하는 값을 일컬어 시장 프리미엄이라고 칭한다. 들어가는 말에서 다뤘던 "리스크를 지면 수익이 나온다."는 말은 바로 위 식에서 나왔다.

위 식이 실제로 성립되지 않는다는 실증적 증거는 많다. 굳이 여기서 그 얘기를 하진 않도록 하자. 대신 이번 장에선 리스크 프리미엄과 관련된 다른 얘기를 해보자. 그리고 위 식을 대치할 수 있는 체계는 다음 장에서 다루자.

리스크 프리미엄 식을 재배열하면 개별자산할인율과 베타 사이 관계를 보다 명확하게 알 수 있다. 일반적으로 베타에 곱하는 시장 프리미엄은 상수다. 예를 들어 미국 주식이라면 통상 연 6퍼센트 정도로 간주한다. 안전수익률은 시장에서 각 만기별로 관찰 가능하다. 이 관계는 그래프로 나타낼 때 이해가 가장 쉽다.

〔그림 11.1〕은 안전수익률이 0.02일 때, 여러 베타에 해당하는 개별자산할인율을 나타낸 그래프다. 시장 프리미엄은 0.06이라고 가정했다. 베타가 0일 때는 위 식 우변은 0이다. 이 경우 개별자산할인율은 0.02로 안전수익률과 같다. 그래프에서 가장 왼쪽에 있는 동그라미에 해당한다.

베타가 1이면 위 식 우변은 시장 프리미엄과 같으며 그 값은 0.06이다. 따라서 개별자산할인율은 시장 프리미엄 0.06에 안전수익률 0.02를 더한 0.08이다. 그래프에서 가운데 있는 동그라미가 베타가 1인 경우를 나타낸다.

베타가 2면 어떻게 될까? 베타와 시장 프리미엄 0.06을 곱한 결과는 0.12다. 여기에 안전수익률 0.02를 더하면 개별자산할인율이

0.14가 나온다. 그래프에서 가장 오른쪽에 있는 동그라미가 이를 보여준다. 이 외에도 베타가 0.5일 때와 1.5일 때를 같이 나타냈다.

[그림 11.1]을 보면 베타와 개별자산할인율 사이 특수한 관계를 한눈에 느낄 수 있다. 바로 선형적 관계다. 다시 말해 이 둘은 그래프 상에서 직선으로 표현된다. 위 이론의 핵심은 개별투기자산에서 리스크인 베타와 할인율이 서로 직선으로 표현된다는 점에 있다.

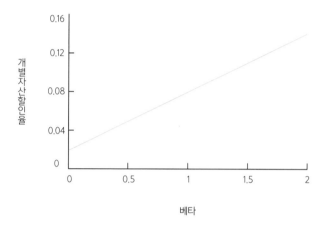

[그림 11.1] 안전수익률이 0.02일 때 개별자산할인율과 베타의 관계

사실, 위에서 한 가지 사항을 은근슬쩍 지나갔다. 할인율과 안전수익률 그리고 시장 프리미엄이 어떻게 정의된 할인율인지 분명히 하지 않았다. 퍼센티지수익률인지 혹은 다른 수익률인지 규명하지 않았다는 뜻이다.

이걸 통일하지 않고 섞을 수는 없다. 무슨 말이냐면 퍼센티지수익률로 표현된 안전수익률과 로그수익률로 표현된 시장 프리미엄을 그대로 더하면 안 된다는 말이다. 그렇게 하면 코미디가 된다. 1미터와 2피트를 더한 결과가 3미터가 될 수 없기 때문이다. 어느 쪽이든간에 하나로 통일된 수익률을 써야 한다.

교과서를 찾아보면 어느 할인율인지 명시적으로 나와 있지 않다. 하지만 예로 퍼센티지수익률을 드는 걸 보면 암묵적으로 퍼센티지수익률에 성립한다고 가정하는 듯하다. 그 가정이 맞다고 일단 받아들이자.

이제 다음과 같은 경우를 살펴보자. 베타가 0, 0.5, 1, 1.5, 2인 다섯 종류 투기자산이 있다. 안전수익률은 연 2퍼센트고, 시장 프리미엄은 연 6퍼센트다. 투기기간은 10년이다. 각 투기자산의 할인율은 얼마일까?

'당연한 걸 왜 묻지?' 하고 생각했을 독자가 많을 듯싶다. 이미 〔그림 11.1〕에 다 나온 결과처럼 보인다. 위 식에 대입해도 연 2퍼센트, 연 5퍼센트, 연 8퍼센트, 연 11퍼센트, 연 14퍼센트가 나온다.

그런데 한 가지 문제가 있다. 연 몇 퍼센트는 사실 퍼센티지수익률이 아니다. 2장에서 밝혔듯이 퍼센티지수익률은 연 복리수익률과다르다. 방금 전 은연중에 연 복리수익률이 베타에 대해 직선으로 표현된다고 가정한 셈이다. 실제로 이렇게 많이 한다. 이것도 틀리지 않았다고 일단 가정하자.

위 상황에 대한 퍼센티지수익률을 한번 구해보자. 구하는 건 전혀 어렵지 않다. 위에서 얻은 연 수익률을 10년간 복리로 곱하면 된다. 그렇게 얻은 결과를 〔그림 11.2〕에 나타냈다.

동그라미가 실제 퍼센티지할인율이다. 직선은 베타가 0인 경우와 1인 경우를 이은 선이다. 보자마자 퍼센티지할인율은 직선이 아님을 깨달을 수 있다. 베타가 1보다 클수록 더 많이 직선에서 튕겨나

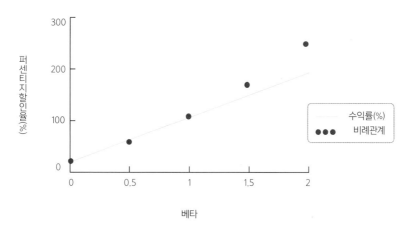

[그림 11.2] 연 복리수익률이었던 할인율을 퍼센티지 수익률로 바꾼 결과

간다.

반대로, 원래 가정을 따라 위 퍼센티지할인율이 직선이라고 해 보자. 베타가 0일 때 할인율은 21.90퍼센트고 베타가 1일 때 할인율은 115.89퍼센트다. 이를 바탕으로 베타가 0.5, 1.5, 2일 때 할인율을 구하면 각각 68.90퍼센트, 162.89퍼센트, 209.89퍼센트다. 이걸 다시 연 복리할인율로 바꿔보자.

〔그림 11.3〕은 선형적 퍼센티지할인율을 연 복리할인율로 바꾼 결과다. 〔그림 11.2〕에서 퍼센티지할인율이 직선이 아니었듯 〔그림 11.3〕에서 연 복리할인율도 직선이 아니다. 베타가 0일 때와 1일 때를 연결한 직선 위에 나머지 세 값이 위치하지 않는다.

로그할인율은 어떨까? 〔그림 11.2〕에서 직선으로 나타낸 선형적 퍼센티지할인율을 로그할인률로 변환한 결과가 〔그림 11.4〕다. 짐작할 수 있듯이 퍼센티지할인율이 직선이라 해도 로그할인률로는 직선이 아니다.

돌고 돌아서 이제 결론을 내려야 할 때다. 퍼센티지할인율이 직선이면 연 복리할인율과 로그할인율은 직선이 아니다. 혹은 연 복리할인율이 베타에 비례하면 퍼센티지할인율과 로그할인율이 베타에 비례하지 않는다. 마지막으로 로그할인율이 베타에 대해 선형적이면 퍼센티지할인율과 연 복리할인율은 비선형적이다. 이는 수학적 사실이다. 하나가 직선이면 나머지 둘은 직선일 수 없다.

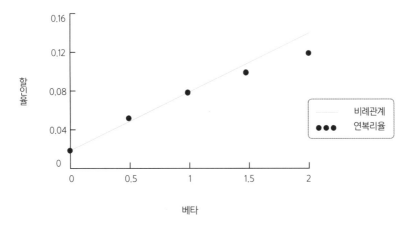

[그림 11.3] 선형적 퍼센티지 할인율을 연 복리할인율로 바꾼 결과

셋 중에 어느 쪽이 직선일까? 내가 답할 문제는 아니다. 그들이 답할 문제다. 아마도 기본적으론 퍼센티지할인율이 직선이지만 경우에 따라서는 연 복리할인율도 직선이라는 답을 할 가능성이 크다. 뒤죽박죽을 말하는 그들 속도 편할 리는 없다.

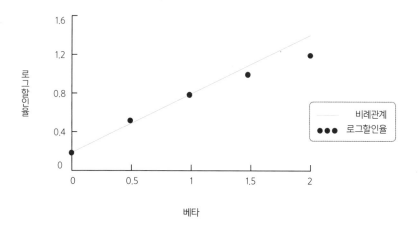

[그림 11.4] 선형적 퍼센티지 할인율을 로그할인율로 바꾼 결과

12

바구니에 대한 할인과
개별자산에 대한 할인은 같나?

한 가지 테스트를 해보자. 테스트는 "할인 관점에서 바구니는 별개의 투기자산일까?" 하는 질문이 궁금하게 느껴지는지다. 혹은 "전체는 부분의 합과 다를까?"라는 질문으로 바꿔도 된다. 어느 쪽 질문에도 궁금함이 생기지 않는 경우, 이번 장을 그냥 지나쳐도 무방하다. 어차피 봐도 별로 재미있게 느껴지지 않을 거라서다.

궁금함이 들었다면 환영이다. 기존 금융이론에선 별개의 자산이라고 가정한다. 시장바구니라는 존재가 대표적인 예다. 시장바구니, 즉 보편적 주가지수는 개념상 고유한 자체 기대수익률과 변동성을 갖는 존재다.

업종지수도 별개 자산처럼 간주하는 대상이다. 업종지수란 특정 산업군에 속한 회사 주식으로 만든 바구니다. IT업종지수, 식음료업종지수, 정유화학업종지수 등이 그 예다. 사실, 업종지수는 보편적 주가지수만큼 명시적인 별개 자산으로 간주하진 않는다.

업종지수를 별개 자산으로 간주하는 방식은 보다 교묘하다. 바로 베타를 통해서다. 주식시장 자체의 베타는 정의상 언제나 1이다. 반면, 특정 업종에 속한 개별 주식의 베타는 제각각이다. 이를 평균 내면 이른바 업종에 대한 베타를 얻을 수 있다. 그렇게 얻은 베타는 이제 그 업종에 속한 주식을 규정짓는다.

회사	주간로그수익률 평균	휘발도(위아래 공통)
1	−0.04	25%
2	−0.03	40%
3	−0.02	5%
4	−0.01	35%
5	0	15%
6	0.02	10%
7	0.04	20%
8	0.06	45%
9	0.08	25%
10	0.1	30%
단순평균	0.02	25%

[표 12.1] 자동차업종에 속한 10개 회사 주식의 주간로그수익률 평균과 휘발도

무슨 말인지 좀 더 자세히 설명해보자. 아직 생긴 지 얼마 안 되는 회사라든지 혹은 아예 생기기도 전인 회사가 있다고 하자. 혹은 여러 비즈니스를 하던 회사가 사업부 중 하나를 분사하는 경우도 마찬가지다. 아직 주식시장에서 거래된 적이 없으니 베타를 관찰할 방법

이 없다. 이 경우 위에서 설명한 방법대로 구한 업종 베타를 통해 신규 회사에 대한 할인율을 정한다는 얘기다. 회사 간 인수합병이나 기업의 신규 공개상장을 도와주는 투자은행이 실제로 이런 식으로 계산한다.

한번 이를 따라가보자. 관심 업종은 자동차라고 하고, 업종 내에 상장된 10개 회사가 있다고 하자. 10개 회사 주식의 주간로그수익률 평균과 휘발도는 [표 12.1]과 같다. 10개 자동차회사의 주간로그수익률 평균을 평균하면 0.02가 나오고 휘발도를 평균한 결과는 25퍼센트다.

이제 시장바구니를 구성해보자. 위 자동차회사 10개에 더해 90개 주식을 추가하자. 따라서 시장바구니는 전부 100개 주식으로 구성된다. 각 주식은 주간로그수익률 평균으로 최소 -0.1, 최대 0.1로 구성된 범위에서 무작위하게 결정된 값이다. 또한 휘발도는 0퍼센트에서 50퍼센트 사이에서 무작위하게 정한다. 여기서 무작위란 범위 내에 있는 어떤 값이든 발생할 확률이 같음을 의미한다. 균일한 확률밀도함수를 갖는다고 이해해도 좋다.

수월한 비교를 위해 각 주식 최초가액은 모두 1억 원이라고 하자. 시장바구니는 각 주식을 처음에 100만 원씩 담았다고 가정하자. 자동차업종지수는 [표 12.1]에 있는 주식을 각각 천만 원씩 집어넣었다고 하자. 이렇게 함으로써 시장바구니와 자동차업종지수는 모두 최초가액이 1억 원이다. 이러면 직접 비교하기가 쉽다.

먼저 자동차업종에 속하는 10개 주식이 어떤 가격 변화를 겪는지 살펴보자. [그림 12.1]에 나타낸 것처럼 각 주식은 제각각의 모습을 보인다. 실제로 매주 가격이 오를지 말지는 운에 달린 문제로 언제나 [그림 12.1]처럼 되진 않는다. 전형적인 예로 이해하면 충분하다.

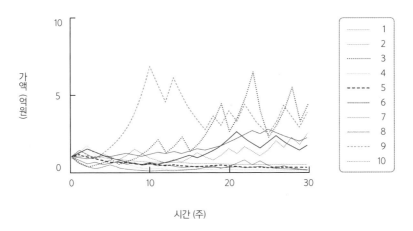

그림 범례:
1
2
3
4
5
6
7
8
9
10

시간 (주)

가액 (억원)

[그림 12.1] 10개 자동차회사 주식의 30주간 가격 변화

위 자동차회사 주식의 베타를 구하려면 시장바구니 가액 변화도 알아야 한다. 시장바구니 가액은 총 100개 주식 가격을 더함으로써 구할 수 있다. 가액이 결정됐으므로 수익률을 구할 수 있고, 시간에 따른 수익률이 있으므로 베타를 구할 수 있다. 〔표 12.2〕에 계산한 10개 자동차회사 주식 베타를 나타냈다.

〔표 12.2〕에서 확인할 수 있듯이 자동차회사 주식 베타를 평균한 값은 0.150이다. 또한 실현변동성과 휘발도를 비교해볼 수 있다. 약간 차이는 있지만 대체로 실현변동성은 입력값인 휘발도에 준하는 모습을 보인다.

이제 관건은 자동차업종지수다. 자동차업종지수는 10개 자동차회사 주식을 더해서 만든다. 〔그림 12.2〕에 자동차업종지수와 시장바구니의 가액 변화를 비교해 나타냈다.

〔그림 12.2〕에 의하면 자동차업종지수와 시장바구니는 거시적으로 비슷한 거동을 보인다. 눈으로 봐선 자동차업종지수의 베타는

회사	베타	실현변동성	휘발도
1	−0.939	25.7%	25%
2	2.004	39.5%	40%
3	−0.055	5.0%	5%
4	−0.111	35.8%	35%
5	0.683	14.8%	15%
6	−0.173	10.1%	10%
7	−0.149	20.6%	20%
8	−1.310	49.2%	45%
9	0.821	26.0%	25%
10	0.728	31.4%	30%
평균	0.150	25.8%	25%

[표 12.2] 10개 자동차회사 주식 베타와 실현변동성

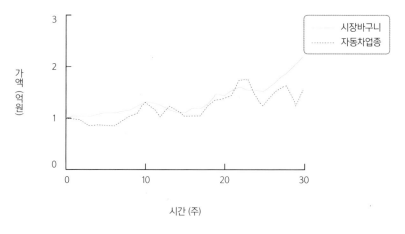

[그림 12.2] 시장바구니와 자동차업종지수의 30주간 가액변화

1에 가깝게 나올 듯싶다. 실제로 계산해보면 0.858이 나온다. 1에서 아주 멀진 않다.

문제는 자동차업종지수 베타가 개별주식 베타의 평균과 동떨어져 있다는 점이다. 베타가 0.858인지 아니면 0.150인지에 따른 할인율 차이는 연율로 수 퍼센트 이상 될 정도로 크다. 기업가치평가 때 통상 10년 넘는 미래 돈을 할인함을 생각하면 그 차이는 심각한 수준이다.

혹시 위 [그림 12.1]과 [그림 12.2]가 극단적인 경우가 아닐지 궁금할 수 있다. 이 질문에 대한 답을 얻기 위해 몬테카를로 시뮬레이션을 천 번 수행했다. [그림 12.3]에서 x축은 업종지수 베타에서 개별주식 베타 평균을 뺀 값이 속한 구간의 중간값이다. 즉, -0.15는 값이 -0.3에서 0 사이인 경우에 해당한다. y축은 각 구간이 발생한 빈도다.

위 막대그래프에 의하면 업종지수 베타가 개별 베타 평균보다 0.6 이상 클 확률이 약 33퍼센트다. 또한 전체 빈도의 반 정도가 0에서 0.6 사이 값을 갖는다. 반면, 업종지수 베타가 개별 베타 평균보다 작을 확률은 약 18퍼센트에 불과하다. 실제로 업종지수 베타의 평균은 0.694인 반면, 개별주식 평균베타의 평균은 0.227이다. 이 같은 사실들을 감안하면 위에서 본 차이를 예외적이라고 치부할 수는 없다.

바구니가 개별자산이 될 수 있다는 관점이라면 새로 생길 자동차회사의 베타는 시뮬레이션 평균을 취해도 0.694다. 바구니는 개별자산이 아니라는 관점이라면 신규 자동차회사의 베타는 잘 봐줘도 0.227이다. 여기에 정답이 있긴 어려워 보인다. 그렇다면 베타의 함수인 할인율도 마찬가지 처지다.

비즈니스스쿨 IESE의 파블로 페르난데즈는 2009년 동료 재무교수들을 상대로 설문조사를 벌였다. 베타에 의존하는 할인율을 도

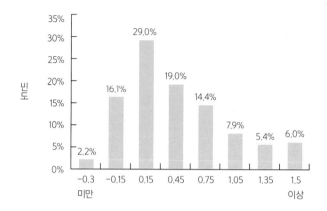

[그림 12.3] 업종지수 베타에서 개별주식 베타 평균을 뺀 값의 발생 빈도

대체 왜 계속 쓰는지가 질문이었다. 페르난데즈는 하버드대에서 박사
학위를 받았다. 대답 중 일부를 보면 다음과 같다.

> "경제학 분야의 노벨상을 받았잖아요."
> "공인재무분석사(CFA) 시험에 나오니까요."
> "금융엔 다른 대안이 없어요."
> "베타는 고객에게 금융의 구루라는 인상을 주죠."
> "컨설팅에서 숫자를 옹호하는 데에 필수적이에요. 뭔가 있어 보
> 이거든요"

본심은 네 번째 아니면 다섯 번째였을 듯싶다. 바꿔 말하면, 마
케팅용이라는 얘기다. 투자은행 직원이 베타를 들먹일 때 위축되지
말자. 별거 없다.

13

리스크 프리미엄을 대신할
금융지표는?

앞선 두 장에서 기존 할인율 이론의 문제를 살펴봤다. 이번 장에선 할인에 관한 새로운 체계를 다루려고 한다. 기존 금융이론은 할인율이 리스크에 비례한다고 가정한다. 거기선 위험한 자산일수록 할인율이 높아지게 돼 있다. 그도 한 가지 방법일 수는 있다. 그러나 그것만이 유일한 길은 아니다. 나는 다른 길을 택하고자 한다.

　내가 택한 길이 진리라는 보장은 없다. 이걸 실증적으로 입증하긴 어려울 테다. 하지만 상식에 어울린다는 장점이 있다. 게다가 11장에서 지적한 선형적 리스크 프리미엄 문제와 12장에서 지적한 베타 문제도 의도하진 않았지만 해결 가능하다.

　이제 새로운 체계를 설명해보자. 출발지점은 리스크 프리미엄이 존재하지 않는다는 가정이다. 나중에 리스크 프리미엄처럼 보이는 대상을 얘기하겠지만 적어도 베타에 대한 프리미엄은 생각지 않는다.

　그렇다면 남은 길은 하나다. 할인율은 이제 안전수익률뿐이다.

만기에 따른 차이는 있다. 하지만 투기자산이 얼마나 위험한지는 따질 필요가 없다. 통계적으로 불안정한 베타와 이론적으로 불완전한 선형적 리스크 프리미엄을 가정하는 기존 이론에 비해 강건하다. 외부적 변수나 조작에 쉽게 흔들리지 않는다는 뜻이다.

말하자면 모든 투기자산의 기대수익률은 평균적으로 안전수익률과 같다는 얘기다. 상대적인 가격 휘발도에 차이는 있을 수 있다. 그걸 부인하지는 않는다. 그 특성에 따라 각 개인이 느끼는 리스크도 다를 수 있다. 리스크는 원인이기보다는 결과다.

종류를 불문하고 투기자산 기대수익률이 평균적으로 안전수익률과 같은 데에는 이유가 있다. 바로 아비트라지, 즉 차익거래 때문이다.

아비트라지라는 말은 원래 중재나 조정을 의미한다. 서로 의견이 갈리는 두 상대방을 만나게 함으로써 하나의 해결 방안에 동의하게 만드는 과정이 중재다. 근세 이후로 중재와 조정은 법원이 수행하던 역할이다.

프랑스인들은 물건을 사고파는 거래를 일종의 중재라고 생각했다. 거래는 상인이 물건을 산 가격보다 비싼 가격에 파는 행위다. 상인의 목표는 물론 가격 차로부터 얻는 이익, 즉 차익이다. 상행위의 본질을 법률 용어로 표현한 데서 프랑스인들의 취향을 느낄 수 있다.

상인은 이 과정을 언제까지 지속할까? 답은 "돈이 벌릴 때까지"다. 상인이 거래를 계속하면 사 오는 가격은 올라가고 파는 가격은 내려가기 마련이다. 그러다 보면 언젠가는 더 이상 중재할 거리가 남지 않게 된다. 즉, 상인은 거래를 통해 시장 간 차이를 '중재'한다.

그렇다면 왜 모든 투기자산은 기대수익률이 안전수익률과 같을까? 아비트라지가 작동하기 때문이다. 어떻게 그렇게 되는지 좀 더 구체적으로 살펴보자.

예를 들어 투기자산 A가 현재가격이 저평가돼 있다고 해보자. 현재가격이 저평가돼 있다면 향후 미래에 발생할 기대수익이 다른 자산보다 클 테다. 그러한 기회를 포착한 투기자들은 집중적으로 A를 사들인다. 매수가 증가하는 만큼 가격이 오른다. 현재가격이 오른 만큼 기대수익률은 떨어진다. 어디까지 떨어질까? 수익률이 안전수익률과 같아질 때까지다.

반대 상황도 생각해볼 수 있다. 가령 투기자산 B가 현재 고평가돼 있다고 해보자. 현재가격이 높기 때문에 미래 기대수익률은 안전수익률에도 못 미친다. 차익기회를 포착한 투기자들은 B를 공매도한다. 동시에 B를 보유하던 투기자도 B를 팔아 치운다. 지금이라도 팔아서 안전자산을 사는 쪽이 더 낫기 때문이다. 따라서 B 가격은 하락한다. 가격이 떨어진 만큼 기대수익률이 오른다. 어디까지 오를까? 수익률이 안전수익률과 같아질 때까지 오른다.

이로써 할인율에 대한 새로운 체계 설명을 마쳤다. 새 체계에서 모든 투기자산은 종류 불문하고 안전수익률로 할인한다. 안전수익률은 시장에서 객관적으로 관찰 가능하니 주관이 개입될 여지가 거의 없다. 변동성은 더 이상 할인율에 영향을 미치지 않는다.

이제부턴 새 체계를 실제로 어떻게 쓸 수 있는지 알아보자.

할인하려는 대상이 안전자산이라면 기존 이론과 달라지는 부분은 없다. 기존 이론에서도 안전자산에 대한 할인율은 안전수익률 자체다. 왜냐하면 안전자산은 베타가 이론적으로 0이기 때문이다. 어느 쪽을 택하든 결과가 같으므로 더 이상 얘기할 거리는 없다.

투기자산을 할인할 경우는 조금 더 고민이 필요하다. 투기자산은 성격상 크게 두 가지로 분류할 수 있다. 한 가지는 가격이 지속적으로 조금씩 변하는 부류다. 이른바 점진적 투기자산 혹은 아날로그 투기자산이다. 주식이나 원자재 등을 생각하면 된다.

다른 한 가지는 한 번에 모든 걸 잃는 부류다. '전부 아니면 전무'가 이 경우를 상징하는 좌우명이다. 다른 사람에게 빌려준 돈, 즉 채권이 대표적이다. 이진적 투기자산 혹은 디지털 투기자산으로 칭할 만하다.

후자를 먼저 검토하자. 구체적인 예로써 설명해보자. 1년 후 원금에 이자를 더한 돈을 주겠다고 약속한 투기자산 C가 있다고 하자. 만기 1년에 해당하는 안전로그수익률은 0.01이라고 가정하자.

일반적인 경우, C가 약속하는 이자율은 안전수익률보다 높다. 왜냐하면 안전수익률은 절대 확실한 반면, C에는 돈을 못 돌려받을 가능성, 즉 부도 가능성이 있기 때문이다. 부도 가능성이 크다면 투기자는 더 큰 이자율을 요구한다. 부도 가능성이 작다면 상대적으로 낮은 이자율로도 만족한다. 부도 가능성이 0으로 수렴한다면 이자율도 안전수익률에 수렴한다. 반드시 그래야 할 필요는 없지만 설명의 편의를 위해 부도 시 한 푼도 못 돌려받는다고 가정하자.

1년 후 C는 둘 중 하나다. 약속한 원금과 이자를 무사히 돌려주는 경우, 아니면 부도가 나서 돌려주지 못하는 경우다. 이때 약속한 로그이자율과 부도확률 사이엔 일대일 관계가 성립한다. 돈을 빌린 쪽이 약속한 로그이자율을 명목로그수익률이라고 부르자. 유도 과정이 궁금하면 부록 3을 참조하자.

〔표 13.1〕은 C에 대한 부도확률이 주어졌을 때 명목로그수익률을 구한 결과다. 부도확률이 0일 때 명목로그수익률은 당연히 안전로그수익률과 같은 0.01이다. 부도확률이 5퍼센트씩 커지면 명목로그수익률도 커진다. 가령 부도확률이 5퍼센트일 때는 0.061, 10퍼센트일

때는 0.115인 식이다.

반대로 할 수도 있다. 시장에서 명목로그수익률을 관찰하면 이를 부도확률로 변환할 수 있다는 뜻이다. 명목이자율이 높으면 그만큼 부도확률이 크다. 이러한 성질은 상식에 맞다.

부도확률	명목로그수익률	수익률증분
0%	0.01	-
5%	0.061	0.051
10%	0.115	0.054
15%	0.172	0.057
20%	0.233	0.061

[표 13.1] 안전로그수익률이 0.01일 때 부도확률과 디지털 투기자산의 명목로그수익률

부도확률은 그 자체로 리스크라 할 만하다. 리스크인 부도확률이 커지면 명목로그수익률도 커진다. 명목로그수익률과 부도확률은 대략 같이 증가하는 관계다. 어쩌면 이걸 착각한 나머지 리스크 프리미엄이 존재한다고 주장했을 수도 있다. 그러나 [표 13.1]에서 확인할 수 있듯이 부도확률와 명목로그수익률은 완전한 선형적 관계가 아니다.

부도확률과 명목이자율 중 어느 쪽이 더 지표로 유용할까? 기존 관행은 명목이자율로 생각하기를 좋아한다. 여러 이자율 간 차이를 나타내는 스프레드라는 용어도 빈번하게 사용한다. 투기자산 기대수익률이 안전수익률과 다르지 않은 새 체계에서는 부도확률이 우월한 지표다. 부도확률이 디지털 투기자산을 규정하는 핵심이기 때문이

다. 또한 부도 가능성을 사람들이 망각하지 않도록 강제하는 효과도 가진다.

이제 C를 갖고 실제로 어떻게 할인하면 되는지를 알아보자. 설명이 끝나고 나면 마치 레고 블록처럼 새 체계가 아름답게 맞아 떨어짐을 누구나 느낄 수 있다. 구체적 숫자로 확인할 수 있도록 부도확률이 10퍼센트고 원금이 1억 원인 경우를 갖고 설명하자.

C를 할인한다는 말은 만기 때 나타날 수 있는 C 가액을 모두 현재가격으로 바꿔준다는 얘기다. C의 경우 두 가지 가액만 가능하다. 부도가 나지 않은 경우 1억 원에 명목로그수익률 0.115가 적용된 1.122억 원을 받는다. 부도가 나는 경우는 0원이다. 각각을 안전로그수익률 0.01로 할인하면 1.111억 원과 0원이 나온다.

그런데 각각의 가액에는 대응되는 확률이 존재한다. 위 두 가액은 원래 현재 하나였던 가격이 마치 핵분열된 것처럼 미래에 두 가액으로 쪼개진 결과다. 따라서 원래 현재가격을 복원하려면 확률을 곱해서 더하면 된다. 만기 때 1.122억 원이 발생할 확률은 90퍼센트고, 0원이 발생할 확률은 부도확률로서 10퍼센트다. 0원에 10퍼센트를 곱하면 다시 0원이므로 무시하고, 현재가격으로 할인된 1.111억 원에 90퍼센트를 곱하면 보란 듯이 원금 1억 원이 나온다.

할인을 다른 방식으로 할 수도 있다. 먼저 미래가액을 평균 내는 방법이다. 1.122억 원이 될 확률 90퍼센트를 감안하면 미래가액 평균은 1.01억 원이다. 먼저 평균 낸 미래가액 1.01억 원을 안전로그수익률로 할인해 현재로 데려오면 무슨 값이 나올까? 이 또한 1억 원이 나온다.

다시 말해 새 체계에서는 미래가액 평균을 먼저 구한 후 안전수익률로 할인해도 되고, 개별 미래가액을 안전수익률로 할인한 후 현재 시점에서 평균해도 된다. 리스크 프리미엄을 감안한 할인율로 할인할 필요가 전혀 없다는 얘기다.

지금까지 디지털 투기자산을 살펴봤으니 이제부턴 아날로그 투기자산을 다뤄보자. 여기서도 구체적 예로써 설명하자.

현재 10억 원인 아날로그 투기자산 D는 1년 후 가격으로 두 가지 가능성을 갖는다고 하자. 오를 때는 13.13억 원으로 오르고 내릴 때는 7.07억 원으로 내린다. 오르고 내릴 확률은 각각 50퍼센트라고 하자. 안전로그수익률은 아까와 마찬가지로 0.01이다. 1년 후 D 가격을 현재로 할인하면 어떻게 될까?

C에서 했던 대로 개별 미래가격을 먼저 할인해보자. 13.13억 원을 안전로그수익률 0.01로 할인하면 13억 원이 되고, 7.07억 원을 할인하면 7억 원이 된다. 각각 확률을 곱해서 더하면 10억 원이 나온다. 현재가격과 정확히 일치한다.

이번엔 할인 순서를 달리해보자. 먼저 미래가격을 평균하면 10.1억 원이 나온다. 이걸 안전로그수익률 0.01로 할인하면 역시나 1억 원이다.

'뭔가 닮았는데?' 하는 생각이 들었을 것 같다. 실제로 D와 C의 할인은 개념적으로 아무런 차이가 없다. 두 미래 상태의 구체적 금액과 확률이 다를 뿐, 둘을 할인하는 방법은 사실 똑같다. 곰곰이 생각해보면 다를 아무런 이유가 없다.

차익거래가 작동할 거라는 사실이 차익거래 기회 자체가 아예 존재하지 않는다는 증거는 아니다. 부도확률이 시장에선 7퍼센트로 거래되지만 내가 보기에 2퍼센트라면 이는 차익 기회일 수 있다. 시장에서 8억 원에 거래되는 아파트가 내가 할인해보니 10억 원이라면 이 또한 차익 기회일 수 있다.

물론 내 평가가 확실히 옳다는 보장이 없다는 게 문제다. 하지만 어쩌랴. 그게 투기의 본질이거늘. 운에 힘입어 수익을 기대하려면 반드시 리스크를 짊어져야 한다는 진리 말이다.

14

자산을 할인하듯
갚을 돈을 할인해도 괜찮을까?

여기까지 읽어오느라 여러분이 지쳐 있을 것 같다. 그동안 금융이론 체계에 필요한 수익률, 리스크, 바구니 그리고 할인을 다뤘다. 다 빡빡한 주제들이다. 이번 장은 할인에 대한 마지막 소주제다. 그러니 힘을 내자. 이번 장만 지나면 남은 5부와 6부엔 가벼운 마음으로 읽어도 되는 내용만 남아 있다.

이번 장 핵심 내용은 『고등어와 주식, 그리고 보이지 않는 손』이라는 책에서 한 번 얘기했던 주제다. 위 책을 읽은 독자라면 이번 장은 건너뛰어도 무방하다. 보긴 했는데 내용이 잘 기억이 나진 않는다면 물론 여기서 다시 읽어도 괜찮다.

11장에서 기대수익률 혹은 할인율에 대한 기존 금융이론을 살펴봤다. 거기선 할인율이 베타에 비례했다. 기존 금융이론에서도 모든 할인율이 베타와 비례하지는 않는다. 주식에 대한 할인율은 베타에 비례하지만 채권은 베타와 무관하다.

기존 금융이론에서 채권에 대한 명목이자율은 신용등급에 따라 달라지는 체계다. 신용등급이 제일 높은 걸 보통 AAA라고 칭한다. 앞에서 얘기한 안전자산은 AAA에 속한다. 물론 AAA라고 해서 모두 진짜 안전자산은 아니다. 역사적으로 보면 신용평가사가 AAA로 매긴 채권 중에 부도가 난 채권이 있어서다.

신용위험, 즉 부도 가능성이 클수록 등급이 낮아진다. AAA보다 하나 낮은 등급은 AA이며 세부등급으로 이른바 +, 0, 그리고 −가 있다. 즉, AAA 바로 다음은 AA+고, 그다음은 AA0인 식이다. AA 밑으로는 A, B, C 등 순서로 신용등급이 낮아진다. 세부등급은 AA부터 밑으로 적용하고 AAA에는 적용하지 않는다.

각 등급 채권에 해당하는 명목이자율에서 안전이자율을 뺀 값을 신용스프레드라고 부른다. 신용스프레드는 당연히 신용등급이 내려갈수록 커진다. 이걸 보고 "리스크가 커지면 수익률이 커진다."고 착각해서는 곤란하다. 13장에서 얘기했듯 채권 명목수익률은 부도확률과 방향을 같이한다. 위험한 채권이 약속한 높은 이자율을 그대로 다 받을 수 있으리란 기대는 한마디로 부질없다.

기본적인 배경지식은 어느 정도 갖췄으니 이제 본격적인 얘기를 시작해보자. 먼저 내가 채권을 보유한 경우를 살펴보자. 채권을 보유했다는 말은 돈을 빌려줬다는 말과 같다. 돈을 갚기로 한 회사가 애초 약속한 대로 원금과 이자를 갚으면 나로선 다행인 일이다. 갚지 않으면 나는 고스란히 손해를 입는다.

다음과 같은 몇 가지 가정을 하자. 내가 매수를 검토 중인 채권을 발행한 회사 이름은 '구골'이다. 채권을 발행했다는 말은 구골이 돈을 투기자로부터 빌렸다는 뜻이다. 구골은 원금이 1억 원이고 신용등급은 A0다. 안전로그수익률은 0.02고, 로그수익률로 나타낸 A0

등급에 해당하는 신용스프레드는 0.03이다. 다시 말해 구골의 명목 로그수익률은 0.02에 0.03을 더한 0.05다.

기존 금융이론은 구골에 대해 어떻게 할인하라고 가르칠까? 미래 돈에 대해 리스크를 감안한 할인율로 할인하라고 기존 금융이론은 가르친다. 먼저 만기에 받을 돈을 계산해보면 1.051억 원이 나온다.

그다음은 리스크를 감안한 할인율을 구할 차례다. 구골에 해당하는 적정 로그할인율은 얼마일까? 답은 0.05다. 말장난처럼 느껴질지도 모르지만 실제로 그렇다. 왜냐하면 구골의 신용등급은 A0고, 그에 해당하는 신용스프레드는 0.03이며, 안전로그수익률은 0.02다. 따라서 구골의 적정 로그할인율은 0.02에 0.03을 더한 0.05일 수밖에 없다.

자, 이제 구골을 할인해보자. 미래 돈 1.051억 원을 로그할인율 0.05로 할인하면, "당연히" 1억 원이 나온다. 애초 1.051억 원이라는 미래 돈이 1억 원에 로그수익률 0.05를 적용한 금액이기 때문이다. 따라서 다시 로그할인율 0.05로 나누면 제자리로 돌아온다.

그렇다면 구골은 투기 관점에서 좋은 투기자산일까? 이 질문은 관점에 따라 여러 대답이 가능하다. 한 가지씩 따져보자.

첫 번째로 명목수익률의 크기만을 따지는 관점이다. 명목로그이자율 0.05는 안전수익률보다 높다. 그러나 구골보다 더 높은 명목이자율을 약속하는 채권도 흔하다. 명목로그이자율이 0.1이면 구골보다 더 좋은 투기자산이라고 말할 수 있을까? 혹은 0.5라면 어떨까? 질문을 계속하다 보면 명목수익률 크기만을 놓고 좋은 투기자산인지 판가름할 수 없다는 건 자명해진다.

두 번째는 신용스프레드를 감안한 할인율로 할인해 비교하는 관점이다. 이는 기존 금융이론에 해당하는 관점이기도 하다. 실제로 어떻게 할인하는지는 이미 위에서 보였다. 추가된 부분은 할인한 결과인 1억 원과 현재시장가격을 비교하는 부분이다.

할인가액이 현재가격보다 높으면 어떨까? 그때는 좋은 투기자산이라고 할 만하다. 현재가격이 싸다고 볼 수 있기 때문이다. 반대로 할인가액이 현재가격보다 낮으면 좋지 않은 투기자산이다. 현재 내가 갖게 될 가치에 비해 내가 더 큰 값을 치러야 하기 때문이다. 예를 들면 9천만 원짜리를 1억 원 주고 사는 꼴이다. 이른바 '시가평가' 관점에서 매수를 하자마자 손실이 발생하는 경우다.

구글의 경우는 어떨까? 구글은 할인가액과 시장가격이 같다. 따라서 좋다고도, 좋지 않다고도 얘기하기 어렵다. 그냥 제값을 치르고 샀다고 볼 만하다. 그러한 판단의 시점은 지금 현재다. 나중에 구글에 부도가 발생하는지에 따라 최종결과는 달라질 수 있다.

마지막 세 번째는 부도확률을 감안한 현재가액과 현재시장가격을 비교하는 관점이다. 13장에서 제시한 새 체계를 따르는 방법인 셈이다. 예를 들어 구글의 부도확률을 1퍼센트라고 판단했다고 해보자. 부도확률 1퍼센트와 안전로그수익률 0.02를 이용해 구글을 할인하면 현재가액으로 1.02억 원을 얻는다. 현재시장가격 1억 원보다 할인한 현재가액이 크므로 구글은 좋은 투기자산이라고 결론 내린다.

두 번째 관점과 세 번째 관점은 사실 서로 연결돼 있다. 두 번째 관점이 신용스프레드를 통해 할인율을 직접 조정하는 방식이라면 세 번째 관점은 할인율은 건드리지 않으면서 부도확률을 명시적으로 조정하는 방식이다. 신용스프레드가 정확했는지는 사후적으로 검증하기 어렵다. 반면, 부도확률이 통계적으로 옳은지 검증하기는 상대적으로 쉽다. 전자보다는 후자가 더 신뢰할 만한 이유다.

지금까지는 모두 자산 관점에서 한 얘기다. 이번 장에서 묻고자 하는 질문은 위 내용이 부채에 대해서도 그대로 성립하는가다. 자산은 내가 빌려준 돈이다. 빌려준 돈이라면 할인율 직접 조정도 신뢰성은 약간 떨어지지만 여전히 유효할 수 있다. 반면, 부채는 내가 빌려온 돈이다. 갚아야 할 돈에 대해서도 똑같은 얘기를 할 수 있는지가 궁금한 사항이다.

금융업계는 아무런 차이가 없다고 주장한다. 그들에 따르면, 자산이나 부채는 동일한 할인율로 할인해야 한다. 표면적으론 맞는 얘기처럼 들린다. 이들 얘기대로 해도 아무런 문제가 없는지 한번 확인해보자.

이제 관점을 바꿔서 내가 돈을 빌렸다고 생각하자. 빌린 돈은 1억 원이고 안전로그수익률은 0.02며 내 신용등급은 A0고 해당 신용스프레드는 0.03으로 위와 전적으로 똑같다.

신용스프레드를 감안한 할인율로 할인하면 어떻게 될까? 할인후 금액은 위에서 봤듯이 1억 원이다. 채권을 발행하고 얻은 현금도 마찬가지로 1억 원이다. 현금 1억 원 생기면서 현재가액으로 1억 원부채가 생기니 아무 문제가 없는 것처럼 보인다.

내가 숨겼던 문제가 돈을 빌린 다음 날 세상에 알려졌다고 가정하자. 발생하지도 않은 수익을 그동안 부풀려왔던 게 들통났을 수도 있고, 하자 있는 제품에 대한 전면적 리콜 명령이 떨어졌을 수도 있다. 이유가 무엇이든 간에 이 경우 신용평가사는 내 신용등급을 강등한다. 강등된 만큼 신용스프레드는 올라간다.

신용스프레드가 올라가면 무슨 일이 벌어질까? 스프레드가 오른 만큼 할인율이 커지고 할인율이 커진 만큼 부채를 할인한 현재가액은 줄어든다. 내가 진 빚의 현재가액이 줄어든 만큼 회계상 평가이익을 본다. 다시 말해 돈 벌었다고 외부에 공표할 수 있다는 얘기다.

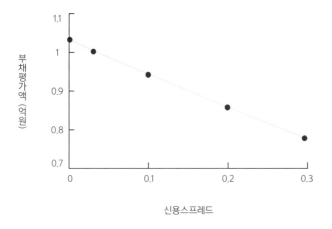

[그림 14.1] 신용스프레드 변화에 따른 부채평가액 변화

　〔그림 14.1〕을 보면 신용스프레드가 처음과 같은 0.03일 때 부채 평가액은 1억 원이다. 신용스프레드가 0.1로 높아지면 부채평가액은 9천3백만 원대로 준다. 신용스프레드가 0.3까지 높아지면 부채평가 액은 7천6백만 원대다. 바꿔 얘기하면, 원금의 24퍼센트에 육박하는 돈인 2천4백만 원가량을 벌었다는 뜻이다.

　원래 신용등급보다 내려갈수록 결과적으로 돈을 벌게 되는 상황 은 역설적이다. 이게 사실이라면 이보다 더 쉽게 돈 버는 방법은 없을 듯하다. 먼저 돈을 잔뜩 빌린다. 그러곤 숨겼던 문제가 있음을 세상 에 알린다. 신용평가사는 당연히 등급을 내리고 그 결과 나는 돈을 번다.

　반대 상황을 생각해도 이상하다. 회사 경영을 건실하게 잘한 덕 분에 원래 등급 A0보다 높은 등급을 받았다고 해보자. 이는 모두가 기뻐할 만한 일이다. 돈을 빌린 나는 신용등급이 올라서 좋고, 내게 돈을 빌려준 투기자는 그만큼 부도 걱정이 줄어서 좋다. 하지만 부채 평가액은 그만큼 올라간다. 평가액이 올라간 만큼 나는 평가손실을 본다. 결과적으로 나는 신용등급을 그대로 유지한 만 못하다.

이번엔 위 상황에 대해 세 번째 관점을 적용해보자. 세 번째 관점이란 신용스프레드를 감안하지 않고 언제나 안전수익률로 할인하는 방식이다. 명목로그이자율 0.05로 빌린 돈 1억 원을 안전로그수익률 0.02로 할인하면 1.03억 원이 나온다. 이게 내가 빌린 돈의 진정한 현재가액이다.

돈을 빌린 후 신용등급이 변하는 경우, 안전수익률로만 할인한다면 평가액이 바뀔까? 세 번째 관점에서 할인율은 신용스프레드와 무관하므로 평가액은 바뀌지 않는다. 따라서 〔그림 14.1〕에 나타났던 이상한 현상도 발생하지 않는다.

안전수익률로만 할인하는 게 더 타당한 이유엔 다음과 같은 사항도 있다. 현재 시점의 부채평가액은 미래에 내가 갚아야 할 돈이 지금 돈으로 얼마나 될지를 나타낸다. 시간이 흘러 돈을 갚을 시점이 되면 결국 갚아야 할 돈은 원금과 명목이자를 합한 금액이다. 현재평가액과 미래에 갚을 돈 사이에 차이가 클수록 현재평가액은 사실을 호도하기 쉽다.

다음과 같은 구체적 예를 보자. 어떤 회사의 명목로그이자율이 0.7이라고 하자. 안전로그수익률이 위와 같은 0.02라면, 신용스프레드는 0.68이다. 이는 1억 원을 빌리면 만기에 약 2.01억 원을 갚아야 한다는 뜻이다. 이걸 안전로그수익률 0.02로 할인하면 약 1.97억 원이다. 여기선 별로 착각할 일이 없다. 나중에 갚아야 할 돈이 얼마나 부담될지를 지금부터 모두가 알 수 있다.

반면, 만기에 갚아야 할 돈 2.01억 원을 신용스프레드를 감안한 로그수익률 0.7로 할인하면 현재평가액은 1억 원에 불과하다. '갚을 돈이 얼마 안 되네.' 하고 착각하기 딱 좋다. 나중에 보면 두 배가 넘는 돈을 갚아야 한다. 이는 돈을 빌려준 투기자에게도, 돈을 빌린 내게도 결코 좋은 일이 아니다.

"할인은 안전수익률로 할 수 있다. 하지만 대신 부도확률을 감안해야 하지 않나? 그게 13장에서 제시한 새 체계 아닌가?" 하는 반론이 있을 수 있다. 그런 생각을 한 독자라면 자부심을 가질 만하다. 11장부터 지금까지 나온 내용을 거의 다 흡수했다는 증거라서다.

그렇다면 부도확률을 따져보자. 얼핏 생각하면 신용스프레드를 감안한 할인율 조정 때와 같은 상황처럼 보인다. [표 14.1]에서 볼 수 있듯이 신용스프레드가 올라가면 부도확률도 증가한다. 부도확률이 증가한 만큼 부도가 나지 않을 확률은 감소한다. 결국 할인율이 올라가서 현재가액이 줄어드나, 할인율은 그대로지만 부도나지 않을 확률이 감소해 현재가액이 줄어드나 결과는 같아 보인다.

신용스프레드	부도확률	부도확률 증분
0.03	2.96%	-
0.06	5.82%	2.87%
0.09	8.61%	2.78%
0.12	11.31%	2.70%
0.125	13.93%	2.62%

[표 14.1] 안전로그수익률이 0.02일 때 신용스프레드와 부도확률의 관계

위 논리는, 그러나, 한 가지 사실을 놓쳤다. 받을 돈에서 부도확률을 따지는 이유는 그게 실제로 내가 받을 돈에 영향을 미치기 때문이다. 받기로 돼 있는 똑같은 1억 원이어도 갚기로 약속한 사람이 누구냐에 따라 받을 가능성은 달라진다. 따라서 부도확률을 따지지 않을 수 없다.

반면, 내가 갚을 돈은 상황이 다르다. 내 부도 가능성은 내가 이행해야 할 의무에 아무런 영향을 미치지 못한다. 부도확률이 낮든 높든 내가 갚아야 할 돈은 이미 정해져 있다. 부도 가능성이 높아지면 나한테 돈을 빌려준 투기자는 돈을 못 받을 가능성도 염두에 둔다. 하지만 그렇다고 해서 내가 갚을 돈이 줄어들지는 않는다. 부도가 실제로 발생한다면 결과적으로 내가 갚지 못하게 될 수도 있다. 이는 부도의 결과일 뿐으로, 갚을 의무가 저절로 사라지진 않는다. 따라서 빌려준 돈과 빌린 돈의 할인은 완전히 같지 않다. 자산에 대한 할인과 부채에 대한 할인은 다르다는 얘기다. 자산이든 부채든 안전수익률로 할인함은 똑같다. 자산이라면 부도확률을 따지지 않을 수 없다. 빚이라면 따질 이유가 없다. 빚진 돈에도 부도확률을 따져야 한다는 주장은 신용등급 떨어트려 돈 벌겠다는 주장과 같다. 이런 게 화장발 회계요, 금융마사지다.

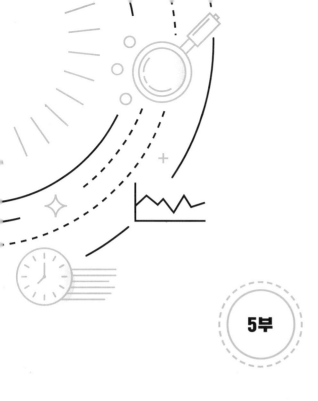

5부

시장 효율성과 통계

15

가격이 언제나 옳다면
신전을 세워줘야 하지 않을까?

보통 사람이라면 "금융시장은 효율적이다."라는 말을 못 들어봤을 수 있다. 하지만 이는 20세기 금융론이 굉장히 중요하게 여기는 관점이다. 여기서 효율적이라는 말은 일반적인 의미와 다르다. 금융시장에서 가격은 오직 외부 뉴스에만 순식간에 반응하며, 따라서 예측이 불가능함을 지칭한다. 왜냐하면 뉴스 발생은 기본적으로 무작위하기 때문이다.

 금융업계는 가격을 예측할 수 없다는 학계 이론에 눈살을 찌푸린다. 학계가 옳다면 자신들이 받아가는 보수와 수수료를 정당화할 길이 없어서다. 금융업자의 투기 실력이 아무렇게나 다트를 던지는 원숭이보다 나을 게 없다고 생각해보라, 그래도 그에게 보수를 지불하고 싶겠는지를.

 금융시장 효율성의 궁극적인 함의는 가격은 언제나 옳다는 것이다. 시장의 놀라운 힘으로 알아서 정답을 내놓으니 무지몽매한 개인이 이에 대해 이래라저래라 하지 말라는 의미다. 앞에서 언급한 업계와 학계 사이의 불편한 관계는 여기서 말끔히 해소된다. 업계는 이러한 함의를 다음처럼 재포장한다. "금융시장의 가격은 신성하므로 아무도 개입해선 안 된다. (설혹 금융회사가 아무 것도 모르는 개인에게 10퍼센트 이상의 이익을 취한다고 하더라도 말이다.)"

그러나 "금융시장은 효율적이다."는 참일 수 없다. 두 가지 방법으로 이를 증명해보자.

첫 번째 증명은 반례의 제시다. 금융시장이 효율적이라는 말이 의미를 가지려면 "언제나" 효율적이어야 한다. "효율적일 때도 있지만 아닐 때도 있다."는 논리적으로 완전무결한 참이지만 하나마나한 말이다. "대체로 효율적이지만 가끔 미치기도 한다."는 말도 도움이 안 되기는 마찬가지다. 그 "가끔"이 언제일지 미리 알 수 있는 방법이 없어서다.

금융시장은 이른바 복합계의 대표적인 예다. 복합계란 수많은 노드와 노드들 간의 링크로 구성된 시스템을 말한다. 복합계에는 고유한 특성이 있다. 예상할 수 없는 새로운 상태가 예상하지 못한 시점에 나타나는 창발이 대표적이다. 아주 작은 차이에도 불구하고 완전히 다른 결과가 발생하는 카오스, 즉 혼돈도 그중 하나다.

즉, 금융시장이 효율적이려면 항상 효율적이어야 한다는 얘기다. 다시 말해 금융시장이 효율적이지 않은 경우가 존재한다면 그것으로 효율성은 끝이다.

다음에 나올 그래프를 음미해보자. 〔그림 15.1〕은 미국 주가지수 중 하나인 나스닥종합지수를 1991년부터 2003년까지 나타낸 그래프다. 1991년 초에 300대에 지나지 않던 나스닥종합지수는 2000년 3월에 5000을 넘겼다. 10년 만에 15배 이상 오른 거였다. 그러곤 풍선

처럼 터져버렸다. 이른바 '닷컴 버블'이었다. 효율적 금융시장에서 버블은 발생할 수 없다.

다음 그래프를 보자. 〔그림 15.2〕에 1985년 초부터 2012년 말까지 일본 주가지수인 니케이225와 일본 부동산지수를 나타냈다. 실선

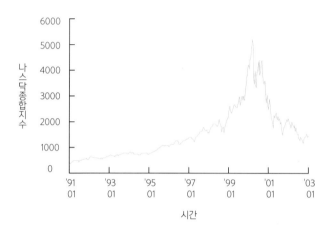

[그림 15.1] 1991년부터 2003년까지 나스닥종합지수

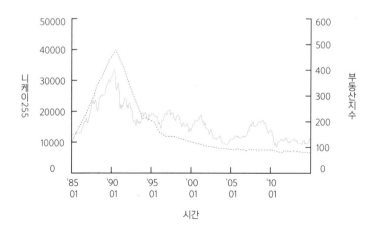

[그림 15.2] 1985년부터 2013년까지 니케이225와 일본 부동산지수

이 니케이225고 점선이 부동산지수다. 1985년 초부터 1989년 말까지 4년간 니케이225는 거의 4배 뛰었다. 그러곤 폭락했다.

일본 부동산가격도 덩달아 5배가량 뛰었다가 몇 달의 시차를 두고 주저앉았다. 이를테면 10억 원이던 아파트가 50억 원까지 올랐다가 5년 만에 다시 제자리로 돌아온 셈이었다. 그 후 20년간 니케이225와 부동산가격은 동반 하락했다. 이름하여 '일본 주택버블'이었다.

이 외에도 금융시장에서 버블은 역사적으로 변수가 아니라 상수였다. 튤립 매니아, 남해 버블, 미시시피 버블, 철도 버블 등이 대표적인 예다. 남해와 미시시피는 각각 영국과 프랑스 왕정이 독점권을 부여한 회사 이름으로 주가가 [그림 15.1]과 비슷한 모습을 보였다. 이들은 모두 17세기부터 19세기 사이에 벌어진 실제 사건이다.

20세기에 발생한 버블에는 위 닷컴 버블과 일본 주택버블 말고도 대공황을 몰고 온 1920년대의 주가폭등도 있다. 차이가 있다면 전자 둘은 20세기 금융론이 정립된 후에, 대공황과 관련된 주가폭등은 20세기 금융론이 정립되기 전에 벌어졌다는 점이다. 다시 말해 20세기 금융론은 버블 억제에 별로 기여한 바가 없다. 좀 더 엄밀하게 말하자면, 20세기 금융론이 정립된 후 버블 발생 빈도가 과거보다 잦아졌다. 21세기 들어서도 서브프라임 버블이 전 세계를 혼돈에 몰아넣었다.

효율적 금융시장과 공존할 수 없는 존재 중엔 폭락도 있다. 물론 모든 버블은 폭락으로 귀결된다. 불합리하게 올라간 가격은 결국 떨어지기 마련이다. 여기서 얘기하는 폭락은 버블을 동반하지 않은 폭락을 말한다.

[그림 15.3]을 살펴보자. 1987년 내내 320 근방이던 미국 주가지

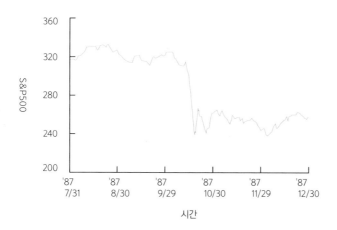

[그림 15.3] 1987년 7월말부터 12월말까지 S&P500

수 S&P500은 10월 19일 하루 만에 전날보다 22퍼센트 넘게 폭락했다. 이전까지 가장 하락폭이 컸던 1929년 10월 24일의 이른바 '검은 목요일'보다 더 심각했다. 이후 1987년 10월 19일은 '검은 월요일'이라고 불리게 됐다.

효율적 금융시장이라고 해서 폭락이 없다는 얘기는 아니다. 금융시장이 외부 뉴스에 빠른 속도로 반응하지 않는다면 오히려 효율적이지 못하다고 얘기해야 한다. 예를 들어 자국에서 전쟁이 발발하는 순간 투기자산 가격은 폭락할 수 있다.

'검은 월요일'의 문제는 이날 폭락을 일으킬 만한 부정적 뉴스가 전혀 없었다는 점이다. 단검이 자유낙하하듯 그냥 떨어졌다. 이후 여러 기관에서 원인을 분석했지만 속 시원한 설명을 내놓지 못했다. 특정 거래기법이 원인인 듯하다는 두루뭉술한 얘기가 전부였다. 특별한 이유 없이 가격이 폭락할 수 있는 시장에 대해 효율적이라고 말할 수는 없다.

결론적으로, 위 그래프들로 인해 "금융시장이 효율적이다."는 말은 거짓임이 입증되었다.

두 번째 증명은 이론적인 방법이다. 금융시장엔 내재된 불안정성이 있다고 가정해보자. 이를테면 금융시장에서 가격이 오르면 수요가 떨어지지 않고 오히려 올라간다고 해보자. 또한 가격이 내려가면 수요가 올라가지 않고 떨어진다고 하자. 이런 경우 오른 것은 더 오르려고 하고 내린 것은 더 내려가려고 한다. 시장이 이처럼 작동된다면 특별한 이유 없이도 천당과 지옥을 오갈 수 있다.

실제 금융시장에 그런 경향이 있을까? 없다고 얘기할 수 없다. 옆 자리의 동료가 주식투기로 돈을 벌었다고 하면 그게 무슨 종목이었는지 궁금해진다. 따라 사고 싶어서다. 계절마다 새로운 유행이 무엇인지 놓치지 않으려는 여자들의 행태를 봐도 다르지 않다. 용산과 반포의 집값이 올랐다는 뉴스를 보면 '빚이라도 내서 나도 한자리 끼어야 하지 않나?' 하는 생각이 들지 않는 사람은 드물다.

말하자면 사람에게는 '떼 지어 몰려다니는 행태'가 있다. 이는 원시시대 이래로 이어져온 유전적 원인이 크다. 신분제적 사고방식의 잔재와 패거리 문화에 기인하는 부분도 있다. 이유가 무엇이건 간에 떼 지어 몰려다니는 행태가 사라지지 않는 한 효율적인 금융시장을 기대할 수 없다. 그리고 감히 단언컨대, 지금 현재는 물론이고 가까운 장래에도 인간의 그러한 행태가 사라질 것 같지는 않다. 에르고 팔수스(ergo falsus: 그러므로 거짓이다).

가격과 시장이 언제나 옳다는 20세기 금융론의 주장을 들으면 생각나는 게 하나 있다. 고대 그리스 시절 델피의 파르나수스산에 위치한 아폴로 신전에서 치르던 오라클, 즉 신탁이다. 당시 사람들은 답을 모르겠으면 델피의 아폴로 신전에 물어봤다. 그러면 피티아, 즉 무녀가 답을 가르쳐줬다. 무녀의 답은 오류가 있을 수 없는 전지전능한 신의 뜻으로 간주됐다. 예전에 사라진 무오류하다던 신탁이 20세기에 이름을 달리해 등장하다니, 피티아조차도 놀랄 일이다. 세상에 무오류한 존재는 없다. 있다면 신인데, 이는 곧 효율적 시장론이 종교라는 얘기다.

노벨상 수상자인 리처드 파인만 얘기로 이번 장을 마치자. 파인만은 20세기 금융론에 대해 다음과 같이 말했다.

> "그건 참 아름다운 논증이에요. 한 가지 문제는 아마 그게 참이
> 아니라는 점이죠."

참고로 파인만은 물리학박사다. 그런 그가 굳이 왜 위와 같은 말을 했을까? 다 그만한 이유가 있기 때문이다. 사실, 노벨상이 없어도 위 사실은 누구나 깨달을 수 있다.

16

수익 시 호재가 있었을 확률이 높다면
호재에 사야 할까?

이번 장부터 18장까지 금융과 관련된 통계 문제를 살펴보려고 한다. 통계는 자체로 문제 덩어리다. 통계에 대한 문제를 지적한 말 중 아마도 가장 유명한 문구는 "거짓말, 새빨간 거짓말, 그리고 통계"일 듯하다. 거짓말 3종세트 중에 통계가 가장 악질이라는 뜻이다. 물론 모든 통계가 다 문제일 리는 없다. 나쁜 쪽으로 쓰고자 하면 악랄한 흉기가 될 수 있다는 얘기다.

"거짓말, 새빨간 거짓말, 그리고 통계"라는 말을 널리 퍼트린 사람은 누굴까? 바로 마크 트웨인이라는 필명을 쓴 새뮤얼 랭혼 클레멘스다. 트웨인이 이 말을 한 건 분명하다. 기록이 있다. 그런데 트웨인 본인이 지어낸 건 아니다. 트웨인은 영국 수상이었던 벤자민 디즈레일리가 한 말이라고 썼다. 놀랄 일은 아니지만 디즈레일리가 위 말을 했는지는 불분명하다.

확실한 기록이 남아 있기론 로버트 기펜의 경우가 있다. 기펜은

19세기의 저명한 통계전문가로 영국 상무부에서 오래 일했다. 경제학 교과서가 언급하기를 잊지 않는 기펜재는 그의 이름을 딴 경우다. 기펜재는 가격이 오르면 오히려 수요가 증가하는 물건을 가리킨다. 경제학 교과서는 현실에선 기펜재가 거의 존재하지 않는다고 말한다. 경제학 교과서의 현실엔 투기자산을 거래하는 금융시장은 빠져 있다.

통계에서 착오정보와 역정보의 역사는 깊다. 심지어 성경이나 그리스 고전에서도 사례를 찾을 수 있다. 요즘도 상황은 다르지 않다.

다음과 같은 말을 보자.

> "2010년 기준 미군 사망률은 천 명당 2.4명입니다. 반면, 같은 해 미국인 전체 사망률은 8.2명입니다."

무슨 생각이 드는가? '오, 미군은 역시 세계 최강답게 사망률이 낮네. 심지어 본토에 남아 있는 민간인보다도 더 낮잖아. 미국인이라면 차라리 군대에 가는 게 더 안전하겠어.' 하고 생각하기 쉽다.

한국은 어떨까? 통계청에 의하면 2010년 사망률은 천 명당 5.1명이다. 한국이 미국보다 사망률이 낮은 건 이해가 된다. 미국은 가게에서 아이스크림을 사듯 총을 살 수 있는 나라고 한국은 아니다. 그러나 미군 사망률은 여전히 한국인 평균보다 낮다. 그렇다면 미군에 자원입대라도 하는 편이 더 안전한 걸까?

사실, 위 숫자들에 오류는 없다. 하지만 비교할 수 없는 대상끼리 비교하는 오류를 범하고 있다. 무슨 말인지 알아보자.

군대는 주로 젊은이들로 구성된다. 20대 아니면 30대고, 40대 이상은 별로 없다. 반면, 미국 전체 인구는 모든 연령대를 망라한다. 이제 뭐가 문제인지 감이 왔을 테다. 사람이 죽는 가장 흔한 원인은 노환이다. 미군에는 노환으로 죽을 사람이 거의 없다. 그러니까 위 비교는 무의미하다. 비교가 의미 있으려면 미군과 동일한 연령대면서 군인이 아닌 미국인의 사망률을 봐야 한다.

위 비교가 무의미하다는 사실을 깨닫는 건 중요하다. 하지만 그 이상으로 중요한 사항이 있다. 바로 "누가 통계를 냈고 말했는가?"다. 통계 뒤에는 언제나 사람이 있고 사람에게는 의도가 있다. 말하자면 통계는 만든 사람과 말한 사람의 아바타다. 통계숫자를 보자마자 앞 질문을 스스로에게 던지는 습관을 가지면 좋다.

그렇다면 위 미군 사망률 비교는 누가 했을까? 미국 일반인일까? 아니면 미군 대변인일까? 혹은 미군 모병관일까? 또는 외국에 무기를 팔려는 미국 군수회사였을까? 정답이 하나라는 보장은 없다. 하지만 첫 번째였을 가능성은 낮다.

이제 어느 정도 연습이 됐으므로 금융 문제로 넘어가자.

이번 장 제목은 "수익 시 호재가 있었을 확률이 높다면 호재에 사야 할까?"다. 명시적으로 혹은 암묵적으로 그렇다고 업계는 얘기한다. 언뜻 생각하면 맞는 얘기 같다. 대놓고 부인하기 쉽지 않아 보인다.

구체적인 숫자를 갖고 얘기해보자. 가격이 올랐을 때 호재가 있었을 확률이 95퍼센트라고 하자. 위 숫자는 틀림없는 사실이라고 가정하자.

호재라고 했지만 다른 특징을 상상해도 좋다. 가령 특정 업종 해당 여부일 수도 있고, 장부가격 대 주가 비율이 어느 값을 넘는 경우일 수도 있고, 또 최고경영자가 받는 연봉 수준일 수도 있다. 업계가 투기자산을 사라고 권할 때 이유로 드는 모든 특성은 다 후보다.

위처럼 얘기할 때 은연중에 다음과 같은 사항을 가정하는 경우가 흔하다. 즉, 가격이 올랐을 때 호재가 있었을 확률이 95퍼센트이므로 호재가 있을 때 가격이 떨어질 확률은 5퍼센트밖에 안 된다. 이익 볼 확률이 95퍼센트에 손실 볼 확률이 5퍼센트라면 안 사고 지나치는 게 바보일 듯싶다.

그러나 위 얘기엔 오류가 하나 있다. 또, 이익 발생 시 호재가 있었을 확률이 95퍼센트라고 해서 호재에 무조건 사다간 큰일 난다. 왜 그런지 설명해보자.

오류는 "호재가 있을 때 가격이 떨어질 확률은 5퍼센트"라는 부분이다. 이는 결코 참이 아니다. 5퍼센트인 게 하나 있긴 하다. 수익 시 호재가 없었을 확률이다. 하지만 호재가 있을 때 가격이 떨어질 확률은 알 수 없다.

여전히 어리둥절해할 독자들이 없지 않을 듯하다. 기호를 사용하면 이해가 쉬워진다.

원래 문장을 보면 "가격이 올랐을 때 호재가 있었을 확률"을 얘기하고 있다. "가격이 오른다"를 P로, "호재가 있다"를 Q로 정의하자. 원래 문장을 기호로 나타내면 다음과 같다.

$$\text{확률 } (Q|P) = 95\%$$

위 식의 확률은 이른바 조건부확률이다. 조건부확률 $P(B|A)$는 "A가 주어졌을 때 B가 발생할 확률"을 가리킨다. "호재가 있을 때 가격이 떨어질 확률은 5퍼센트"라는 두 번째 문장을 조건부확률로 나타내면 다음과 같다.

$$확률 (\sim P|Q) = 5\%$$

확률에는 반드시 성립하는 한 가지 성질이 있다. 발생 가능한 모든 경우를 나열하고 각 경우에 해당하는 확률을 더하면 언제나 1이라는 성질이다. "호재가 있다|가격이 오른다"와 함께 전체를 구성하는 경우는 무엇일까? 그건 "호재가 없다|가격이 오른다"다. 전제조건인 "가격이 오른다"는 공통적으로 있어야 한다. 기호를 이용해 식을 구성하면 다음과 같다.

$$확률 (Q|P) + 확률 (\sim Q|P) = 100\%$$

따라서 확률($\sim Q|P$), 즉 "수익이 났을 때 호재가 없었을 확률"이 5퍼센트다. 이 말은 호재가 없거나 혹은 심지어 악재에도 불구하고 수익이 난 경우도 5퍼센트 있다는 뜻이다.

문제의 핵심은 이거다. 확률($Q|P$)는 확률($P|Q$)가 아니다. A가 주어졌을 때 B가 발생할 확률은 B가 주어졌을 때 A가 발생할 확률과 완전히 다르다. 그러나 업계는 은근슬쩍 같다고 치부한다. 모르고 그럴 수도 있다 하지만 헷갈리라고 일부러 모호하게 얘기할 가능성도 없지 않다.

사실, 투기자가 알고 싶은 사항은 수익이 났을 때 호재가 있었을 확률이 아니다. 호재가 있었을 때 수익이 날 확률이 궁금하다. 즉, P와 Q의 위치가 바뀌어야 한다. 그래야 새로운 호재가 생겼을 때 살지 말지를 결정하는 데 도움이 된다.

위와 같은 바꿔치기를 통계에서는 '검사의 오류'라고 부른다. 검사들이 기소할 때 범하곤 하는 오류라는 뜻이다. 한 예로, 살인사건을 가정하자. 현장에서 발견된 혈흔과 DNA 검사 결과가 일치하는 용의자를 법정에 세웠다. 피고가 무죄일 때 DNA가 일치할 확률이 가령 0.1퍼센트라고 하자. 이는 틀림없는 경험적 사실이라고 하자.

이때 검사가 "피고가 무죄일 때 DNA 일치 확률이 0.1퍼센트밖에 안 되니, 피고가 유죄일 확률이 99.9퍼센트나 됩니다!" 하고 주장한다고 해보자. 건성으로 들으면 맞는 얘기 같다. 그러나 위에서 지적한 오류를 고스란히 범했다. 피고가 무죄일 때 DNA 일치 확률이 0.1퍼센트면, 99.9퍼센트인 건 피고가 무죄일 때 DNA가 일치하지 않을 확률이다.

용의자가 진짜 범인이라는 걸 입증하는 데 필요한 확률은 무엇일까? 무죄일 때 DNA가 일치할 확률이 아니라, DNA가 일치할 때 무죄 혹은 유죄일 확률이다. 이 숫자를 검토하기 전엔 용의자가 진범이라고 함부로 결론 내릴 수 없다. 비슷한 실수를 범하는 의사도 적지 않다.

이제 오류에 대해선 이해했을 듯싶다. 그럼에도 불구하고 다음처럼 생각이 들 수 있다. 어쨌거나 수익이 났을 때 호재가 있었을 확률이 95퍼센트인 건 사실이다. 그렇다면 여전히 호재가 있을 때 투기자산 매수는 좋은 생각 아닐까? 앞에선 함부로 그랬다간 큰일 난다고 얘기했다. 왜 그런지 알아보자.

여러 방법으로 설명할 수 있지만 가장 좋은 방법은 행렬을 그려보는 방법이다. 수식으로 설명하는 편보다 이해하기 쉽다. 〔표 16.1〕에 수익과 손실, 그리고 호재와 악재 조합에 대한 경우의 수를 나타냈다.

〔표 16.1〕에 나온 행렬은 이해하기 어렵지 않다. 예를 들어 수익이 나면서 호재가 있을 경우는 190건이다. 또한 수익이 나면서 악재

	호재	악재	합계
수익	190	10	200
손실	310	490	800
합계	500	500	1,000

[표 16.1] 호재/악재와 수익/손실 발생에 대한 행렬

가 있을 경우는 10건이다. 이 둘을 합치면 두 번째 행 맨 오른쪽 열인 200건이 나온다. 이런 식으로 다 더해보면 천 건이다. 맨 오른쪽 맨 밑에 있는 전체 경우의 수 1,000과 일치한다.

위에 나왔던 수익이 났을 때 호재가 있었을 확률 95퍼센트를 검증해보자. 수익이 난 전체 경우의 수는 200건이다. 이게 분모다. 그리고 수익이 나면서 호재가 있었을 경우의 수는 190건이다. 분자에 위치할 숫자다. 결국 190 나누기 200이 되어 95퍼센트가 계산된다.

하지만 문제가 되는 확률은 호재가 있을 때 투기자산 가격이 올랐을 확률이다. 이걸 [표 16.1]을 통해 구해보자.

먼저 분모를 구해야 한다. 호재가 있는 경우의 수로 표를 보면 500건임을 알 수 있다. 분자는 호재가 있으면서 수익이 난 경우의 수로 190건이다. 결국 확률은 190 나누기 500으로 38퍼센트다. 다섯 번 해서 채 두 번도 수익이 나지 않는다.

더 큰 문제는 호재가 있을 때 손실을 봤을 확률이다. 분모는 위와 같은 500건이고, 분자는 호재가 있으면서 손실을 본 경우의 수로 310건이다. 확률은 310 나누기 500인 62퍼센트다. 호재라고 무턱대고 사면 안 된다고 얘기한 이유다.

책에서 볼 때는 '정말 그렇구나!' 하고 생각했다가도 막상 직접

문제에 부딪히면 도로 위와 같은 실수를 범하기 쉽다. 실수를 범하지 않는 데에 다음 두 가지 방법이 유용하다.

첫 번째 수단은 [표 16.1]처럼 직접 행렬을 그려보는 방법이다. 두 변수가 조합될 때 발생 가능한 전체 경우는 언제나 위 행렬처럼 정리할 수 있다. 행렬이 눈앞에 있는 한, A가 있을 때 B가 발생할 확률과 B가 있을 때 A가 발생할 확률을 오인하기는 쉽지 않다. 시각적으로 네 가지 가능성을 모두 인식하게 되기 때문이다.

두 번째 수단은 확률보다는 빈도로 나타내는 방법이다. 확률이 5퍼센트라고 얘기하기보다는, 가령 100명 중에 5명 혹은 1,000건 중에 50건, 이런 식으로 나타내자는 얘기다. [표 16.1]에서도 확률 대신 빈도를 나타냈다. 독일 막스 플랑크연구소의 거르트 기거렌쩌에 의하면, 이렇게 할 때 사람들이 실수를 덜 저지른다.

확률과 통계를 교묘하게 악용한 착오정보와 역정보는 아무리 과학적 외피를 둘러도 결국 반 지식, 즉 세상을 현혹하는 악마적 도구다.

17

우량 비상장주식을 고를 줄 알면
수익은 따놓은 당상?

다음과 같은 상황을 상상해보자. 당신은 희소광물을 캐는 광산업자다. 희소광물은 첨단 제조업에 사용되는 17가지 희귀원소다. 영구자석 원료로 사용되는 원자번호 60번 네오디뮴과 유리 패널 연마에 필요한 58번 세륨 같은 금속이 대표적 예다. 채굴량은 제한된 반면 수요는 급성장 중이라 투기의 대상이 되기도 한다. 일례로 세륨은 2009년에서 2011년 사이 2년 만에 17배 이상 가격이 뛰었다.

문제는 광맥을 찾기가 쉽지 않다는 점이다. 사실 희소광물은 생각만큼 희귀하지는 않다. 나오긴 나오는데 대부분의 경우 경제성이 떨어진다. 최신 테크놀로지를 동원해도 경제성 있는 광맥을 찾을 확률이 매우 낮다. 희소광물이 별로 실감이 나지 않는다면 친숙한 금광이나 유전 탐사를 상상해도 좋다. 본질은 다르지 않다.

먼저 경제성 충분한 광맥은 전체 광맥 중 0.1퍼센트에 지나지 않는다고 가정하자. 그런 광맥을 찾으려면 최신 테크놀로지를 동원해야 한다. 그 경우 탐사의 신뢰도는 90퍼센트다. 탐사 팀은 새로운 광맥 후보지의 경제성이 높다는 테스트 결과를 알려왔다. 탐사 팀 보고대로 후보지를 사들여 본격적인 채광에 나서도 될까?

대다수 사람들은 위 질문에 "나서도 된다."고 대답한다. 사람들이 그렇게 대답하는 이유는 십중팔구 90퍼센트라는 신뢰도 때문이다. 완벽하지는 않지만 꽤 높은 확률로 느껴져서다. 신뢰도가 90퍼센트면 10번 중에 9번은 맞힐 수 있다고 이해한다. 이와 같은 이해는 흠잡을 데 없다. 후보지가 10곳이라면 운 나쁜 한 곳 정도는 허탕치겠지만 나머지 9곳에서는 훌륭한 광맥을 찾게 될 거라고 생각한다. "리스크를 져야 수익을 낼 수 있다."는 말을 떠올리면서 말이다.

하지만 위 생각은 위험천만하기 짝이 없다. 멈추는 편이 현명하다. 왜 그런지 설명해보자.

기본적으로 위 질문은 확률로 묘사된 상황을 다룬다. 앞 장에서 이럴 때 쓰면 좋은 방법 두 가지를 얘기했다. 행렬 그리기와 확률 대신 빈도로 나타내기였다. 그 두 가지를 여기서 다 쓰도록 하자.

먼저 행렬을 그려보자. 위 질문에는 두 가지 변수가 존재한다. 하나는 좋은 광맥이 있는가고 다른 하나는 테스트에서 어떤 결과를 얻는가다. 전자를 행에서, 후자를 열에서 다루도록 하자.

이제 행렬의 요소들을 채워보자. 먼저 전체 경우의 수를 정하자. 여유 있게 만 건이라고 하자. 그 다음 좋은 광맥인 경우와 아닌 경우의 수를 구하자. 각각 경우의 수는 얼마나 될까? 그리고 어떻게 해야 이를 구할 수 있을까?

힌트는 위에 나온 경제성 충분한 광맥이 전체 광맥 중 0.1퍼센트라는 언급이다. 모든 광맥 중에 좋은 광맥은 0.1퍼센트밖에 없다. 이 비율을 사용하면 좋은 광맥인 경우와 아닌 경우의 수를 구할 수 있다. 전체 경우의 수인 만 건에 0.1퍼센트를 곱한 10건이 좋은 광맥의 수다. 좋지 않은 광맥 수는 전체 경우의 수인 만 건에서 10건을 뺀 9,990건이다. 이로써 행렬의 제일 오른쪽 열은 모두 채워졌다.

다음은 테스트 결과에 대한 경우의 수를 구할 차례다. 경제성이 있다는 결과와 없다는 결과의 빈도를 구해야 한다. 이걸 구할 단서는 바로 90퍼센트라는 탐사 신뢰도다. 10번 하면 한 번만 틀리고 나머지 9번은 맞춘다는 뜻이라고 위에서 얘기했다.

사실, 엄격하게 말하면 테스트의 신뢰도엔 두 가지가 있다. 이상적인 테스트는 좋은 광맥은 좋다고 판정하고, 동시에 좋지 않은 광맥을 좋지 않다고 판정해야 한다. 테스트가 완벽하지 않다면 좋은 광맥을 만나도 좋지 않다고 판정할 가능성이 있다. 좋은 광맥임에도 불구하고 테스트 상 놓치는 경우다. 이걸 위음성 혹은 가짜 음성이라고 부른다.

완벽하지 않은 테스트가 갖는 또 다른 문제는 좋지 않은 광맥에 대해 좋다고 판정하는 경우다. 나쁜 광맥임에도 불구하고 테스트 상으로는 정말로 좋은 광맥과 구별되지 않는다. 이걸 위양성 혹은 가짜 양성이라고 부른다.

가짜 음성이 발생할 비율과 가짜 양성이 발생할 비율은 사실 꼭 같을 이유가 없다. 가령 어떤 테스트는 좋은 광맥은 절대로 놓치지 않는 반면, 나쁜 광맥은 10번에 2번 좋다고 오인할 수 있다. 이 경우 가짜 음성에 대한 신뢰도는 100퍼센트지만 가짜 양성에 대한 신뢰도는 80퍼센트로 서로 다르다.

위에선 이를 구별하지 않고 그냥 신뢰도가 90퍼센트라고 했다. 이런 경우 보통 가짜 음성과 가짜 양성에 대한 신뢰도가 둘 다 90퍼센트라고 가정한다. 구해보니 둘이 서로 같아서 그냥 한 값으로 나타내는 경우는 사실 드물다. 일반적으론 가짜 양성에 대한 통계는 있지만 가짜 음성에 대한 통계는 없기가 쉽다. 모른다고 그냥 둘 수 없으니 가짜 양성 확률이라도 갖다 쓰는 셈이다. 가짜 양성 비율이 얼마인지는 실제로 그렇게 중요하지 않은 탓도 있다. 이에 대해선 아래에서 다시 설명하도록 하자.

가짜 음성과 가짜 양성 비율이 모두 10퍼센트면 각각 빈도를 구할 수 있다. 좋은 광맥 전체 10건 중 9번은 테스트에서 좋다고 나오고 한 번은 나쁘다고 나온다. 좋지 않은 광맥의 경우, 전체 9,990건 중 90퍼센트인 8,991건은 올바르게 테스트에서 나쁘다고 나오고, 나머지 10퍼센트 999건은 좋다고 잘못 판정한다. 여기서 구한 네 값으로 행렬의 가운데 요소들을 채울 수 있다.

마지막으로, 테스트 상 좋은 광맥으로 나오려면 둘 중 하나다. 실제로 좋은 광맥이면서 테스트에서도 좋게 나온 9건과 실제로는 나쁜 광맥이지만 테스트 상 좋다고 나온 999건을 합한 1,008건이다. 마찬가지로 테스트에서 나쁘다고 나온 경우는 실제론 좋지만 음성으로 판정한 1건과 실제로도 나쁜 8,991건을 합친 8,992건이다.

〔표 17.1〕은 위에서 구한 모든 값을 행렬에 채워 넣은 결과다. 이제 이를 통해서 원하는 답을 구해보자.

	테스트 좋다	테스트 나쁘다	합계
좋은 광맥	9	1	10
나쁜 광맥	999	8,991	9,990
합계	1,008	8,992	10,000

[표 17.1] 광맥의 실제 경제성과 테스트 결과에 대한 행렬

테스트 상 좋은 광맥으로 판정한 새로운 탐사지를 본격 개발해도 괜찮을지 궁금하다. 이 질문에 답하려면 테스트에서 좋다고 판정했을 때 실제로도 좋은 광맥일 비율을 알아야 한다. 테스트에서 좋다고 판정한 경우는 표에 의하면 총 1,008건이다. 그중 진짜로 좋은 경우는 9건이다. 따라서 비율은 약 0.9퍼센트다. 좋다고 판정한 후보지 천 곳을 파도 실제로 좋은 곳은 채 하나가 못 된다는 얘기다. 이성적인 사람이라면 본격 채광에 나설 리 없다.

채광을 예로 들었지만 위와 같은 상황은 금융에서 흔하다. 기본적인 발생 비율이 낮은 상황은 모두 같은 문제가 있다.

예를 들어 벤처 캐피털을 생각해보자. 벤처 캐피털은 향후 10배 혹은 그 이상 수익을 올리기를 기대하면서 벤처회사가 발행한 비상장주식을 산다. 그러나 성공적인 회사를 미리 알아보기란 쉽지 않다. 새로 생기는 회사 대부분은 몇 년 내 망하거나 살아남아도 고만고만하기 십상이다.

보다 구체적으로, 어떤 벤처회사가 다음 세대의 애플이나 구글이 될 가능성을 생각해보자. 아무리 높게 잡아도 1퍼센트를 넘을 것 같진 않다. 1퍼센트라고 치고, 이번엔 성공할 벤처회사를 알아보는 능력이 어떤 신뢰도를 가질지 생각해보자. 뛰어난 벤처 캐피털리스트라면 신뢰도가 90퍼센트 정도 될지도 모른다. 그렇더라도 99퍼센트까지는 아닐 듯싶다. 일반인이라면 훨씬 신뢰도가 낮다. 잘해봐야 50퍼센트 되기도 쉽지 않다.

신뢰도 90퍼센트인 벤처 캐피털이라는 가정하에서 실제로 얼마나 성공할지 알아보자. 전체 벤처회사 수는 1,000개라고 가정하면, 실제 성공할 회사 수는 1퍼센트인 10개다. 또한 90퍼센트 예측 신뢰도를 감안하면, 그중 9개에 대해서 성공한다고 예측하고 1개는 실패

한다고 잘못 예측한다. 더 중요하게는, 실제로 실패할 990개 회사 중 10퍼센트인 99개에 대해서 성공한다고 잘못 예측한다. 〔표 17.2〕에 관련한 행렬을 나타냈다.

	예측 상 성공	예측 상 실패	합계
실제 성공	9	1	10
실제 실패	99	891	990
합계	108	892	1,000

[표 17.2] 벤처회사의 실제 성공빈도와 성공 예측에 대한 행렬

이제 벤처 캐피털이 성공한다고 예측한 회사 중 몇 군데나 실제로 성공하는지 확인하자. 벤처 캐피털이 성공한다고 예측한 회사 수는 108개다. 그중 실제로 성공할 회사는 9개다. 따라서 벤처 캐피털이 성공한다고 예측한 회사 중 진짜로 성공할 확률은 약 8퍼센트에 불과하다. 다시 말해 100곳 중 92곳은 실패다. 실제 벤처 캐피털이 투기에 성공하는 확률은 이와 크게 다르지 않다.

90퍼센트라는 꽤 높은 신뢰도에도 불구하고 결과가 비참한 이유는 기본적인 비율이 낮기 때문이다. 말하자면 0.1퍼센트인 광맥이 경제성이 있을 비율과 1퍼센트인 벤처회사가 성공할 비율이 작은 게 문제의 원인이다. 이러한 비율을 기본빈도율 혹은 기저율이라고 부른다. 기본빈도율이 낮은 대상에 대한 예측은 근본적으로 한계가 있다. 특히 가짜 양성을 완벽에 가깝게 골라낼 수 없는 한 위와 같은 상황을 피할 수 없다.

단적인 예로, 예측 혹은 테스트 결과가 반만큼 맞으려면 신뢰도

가 얼마나 높아야 할까? 다시 말해 성공한다고 예측한 회사 10개 중 5개가 실제로 성공하려면 예측 신뢰도가 얼마여야 할지가 질문이다. 조금만 계산해보면 기본빈도율이 x일 때 신뢰도는 1-x여야 반타작이 가능함을 쉽게 증명할 수 있다. 구체적으로, 기본빈도율이 1퍼센트라면 신뢰도가 99퍼센트는 돼야 하고, 기본빈도율이 0.1퍼센트라면 신뢰도가 무려 99.9퍼센트가 돼야 한다는 얘기다. 그래야 성공 당첨 빈도가 두 번 중 한 번이 될 수 있다.

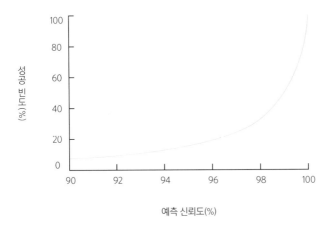

[그림 17.1] 기본빈도율이 1퍼센트일 때 예측 신뢰도와 성공 빈도의 관계

[그림 17.1]은 기본빈도율이 1퍼센트일 때 예측신뢰도와 성공빈도 간 관계를 보여준다. 위에서 얘기한 대로 성공빈도가 50퍼센트가 되기 위한 예측신뢰도는 99퍼센트다. 이를 기준으로 신뢰도가 높아지면 성공빈도도 올라간다. 성공빈도가 90퍼센트 정도 되려면 예측신뢰도는 99.9퍼센트 이상 나와야 한다. 99퍼센트의 성공빈도를 원한다면 99.99퍼센트에 달하는 예측신뢰도가 필요하다.

이는 실제로 큰 문제다. 금융에 관한 예측신뢰도는 과거 경험상 그다지 높지 않다. 99.99퍼센트는 고사하고 90퍼센트 되기도 어렵다. 기본빈도율이 높다면 90퍼센트 신뢰도가 큰 문제가 아닐 수 있다. 가령 기본빈도율이 20퍼센트라면 90퍼센트의 예측신뢰도로 10건 중 7건가량 맞힐 수 있다. 기본빈도율이 40퍼센트라면 90퍼센트 예측신뢰도로 100건 중 85건을 맞힌다.

기본빈도율이 아주 작지 않다면 표본의 수를 늘리는 게 대책이 될 수 있다. 다각화가 유용해지는 경우다. 일부 실패를 모면할 순 없겠지만 큰 수의 법칙에 기대어 수익을 기대할 만하다. 하지만 기본빈도율이 작으면 예측신뢰도를 획기적으로 높이지 않는 한 실패는 불을 보듯 훤하다. 이런 경우 다각화는 별 도움이 되지 않는다. 표본 수를 아무리 늘려봐야 낮은 성공빈도율만 확실해질 뿐이다.

18

투기성공률이 매년 높은 쪽이
언제나 더 좋나?

통계 분야에는 적지 않은 격언이 있다. 그중 하나가 다음이다. "필요한 데이터는 갖고 있지 않고, 갖고 있는 데이터는 원하지 않고, 원하는 데이터는 필요치 않다는 점이 문제다."

　사람들은 통계와 확률에 쉽게 기만당한다. 일례로 다음과 같은 상황을 생각해보자. 혈액형은 크게 A, B, O, AB의 네 가지로 나뉜다. 전 세계 인구에서 각 혈액형별 비율은 [표 18.1]과 같다.

　혈액형 A의 확률은 34퍼센트로 3분의 1보다 약간 크다. 그렇다면 남아메리카에 사는 원주민 부부의 첫째와 둘째 아이가 둘 다 A가

혈액형	A	B	O	AB
비율	34%	16%	45%	5%

[표 18.1] 전 세계 인구에 대한 혈액형별 비율

아닐 때 셋째 아이는 반드시 A여야 할까?

그렇지 않다. 전 세계에서 태어나는 아이들의 25퍼센트가 인도 인이라고 해서 옆집 부부의 네 번째 아이가 갑자기 인도인이 될 수는 없다. 그랬다가는 정말로 큰일이다.

표본 수가 커지면 큰 수의 법칙에 의해 해결될 문제라고 생각할 지도 모르겠다. 아이가 3명이라 그렇지, 가령 30명을 낳는다고 가정 하면 10명쯤 태어나기 마련이라는 얘기다. 하지만 꼭 그렇지만도 않 다. 남아메리카 원주민 부부는 30명을 낳아도 그중 A는 한 명도 없 다. 왜냐하면 남아메리카 원주민은 100퍼센트 O라서다. 기적이라도 일어나지 않는 한 부모가 모두 O인데 자식이 A일 수는 없다.

금융에서도 위와 비슷한 일이 흔하게 벌어진다. 다음 상황을 살 펴보자. 지난 1년간 전국 부동산가격이 평균적으로 1퍼센트 올랐다. 따라서 부동산시장엔 아무 문제가 없다고 결론 내려도 될까? 혹은 내가 이사하려는 동네 아파트 값도 1퍼센트 올랐다고 볼 수 있을까?

위 두 질문에 대한 답은 둘 다 "아니오."다. 평균적으로 1퍼센트 올랐다고 해서 부동산시장에 아무 문제가 없다는 결론은 허술하다. 평균적으론 1퍼센트일지 몰라도 특정 지역에 투기가 극심하지 말란 법이 없기 때문이다. 1퍼센트라는 평균도 어떻게 구했는지에 따라 실 제 양상이 천차만별일 수 있다.

다음과 같은 상황을 가정해보자. 전국에 집이 만 채 있다. 그중 서울 몇 개 구에 위치한 아파트가 집중적인 투기 대상이다. 해당 아파 트 세대수는 220채고 아파트 평균가격은 15억 원이라고 하자. 나머지 주택 9,780채는 평균가격이 1억 원이다. 물론 평균 15억 원인 아파트 220채와 평균 1억 원인 나머지 주택 9,780채가 모두 1퍼센트씩 오르 면 결과적으로 부동산가격은 1퍼센트 오른다. 실제로 이렇게 오를 가능성은 거의 없다.

그보다는 아파트는 40퍼센트 오르고 나머지는 0.1퍼센트 오르는 경우가 현실적이다. 주택 수를 기준으로 평균 가격상승률을 구하면 [표 18.2]처럼 0.98퍼센트, 거의 1퍼센트가 나온다. 1억 원짜리 주택이 10만 원 오르는 동안, 15억 원짜리 아파트가 6억 원 올라도 평균 1퍼센트 올랐다는 말을 할 수 있다는 얘기다. 이런 일이 벌어지면 1억원 집에 사는 사람도 망할 각오를 하고 빚을 내 부동산투기에 나서게된다. 전국이 경마장이나 카지노가 되는 셈이다.

	주택 수	채당 가격(억원)	가격상승률
특정 지역 아파트	220	15	40%
나머지	9,780	1	0.1%
합계	10,000	–	0.98%

[표 18.2] 주택 수를 기준으로 한 평균 가격상승률

평균을 다르게 낼 수도 있다. 주택 수 대신 총주택가액을 기준으로 하는 경우다. [표 18.3]에 의하면, 2.2퍼센트에 해당하는 특정 지

	처음가액(억원)	나중가액(억원)	가격상승률
특정 지역 아파트	3,300(=220×15)	4,620	40%
나머지	9,780(=9,780×1)	9,789.78	0.1%
합계	13,080	14,409.78	10.17%

[표 18.3] 총주택가액을 기준으로 한 평균 가격상승률

역 아파트 가액은 오르기 전에 이미 전국 총주택가액의 25퍼센트가 넘는다. 이를 기준으로 한 평균 가격상승률은 10.17퍼센트다. 완전히 다른 상황처럼 느껴진다.

혹은 면적을 기준으로 평균했을 수도 있다. 전국 면적이 10,000이라고 할 때, 특정 지역 면적은 14에 불과하다. 나머지 지역이 0.5퍼센트 오를 때 면적을 기준으로 한 평균 가격상승률이 1퍼센트인 경우, 특정 지역 가격상승률은 얼마나 될까? [표 18.4]에 의하면 무려 350퍼센트다. 15억 원이던 아파트가 67.5억 원으로 올라도 면적가중평균 상승률로는 1퍼센트다.

	면적	면적당 가격	가격상승률
특정 지역	14	1,000	350%
나머지	9,986	30	0.5%
합계	10,000	–	0.99%

[표 18.4] 면적을 기준으로 한 평균 가격상승률

	처음가액	나중가액	가격상승률
특정 지역	14,000(=14×1000)	63,000	350%
나머지	299,580(=9,986×30)	301,077.9	0.5%
합계	313,580	366,074.9	16.10%

[표 18.5] 총부동산가액을 기준으로 한 평균 가격상승률

위 상황도 가액 관점으로 보면 또 다른 얘기가 돼버린다. 특정 지역은 제곱미터당 가격이 평균 천만 원 정도다. 나머지 지역은 30만 원

에 지나지 않는다. 이를 바탕으로 평균 가격상승률을 구하면 16.10퍼센트가 나온다.

위 수치들은 단지 상상의 산물이 아니다. 특정 지역 아파트 수와 면적 등은 비율 관점으로 실제와 큰 차이 없게 조정한 값이다.

역사적으로 보면 부동산투기는 전국적이기보다는 대개 특정 지역을 중심으로 나타났다. "어디는 얼마가 올랐대."하는 입소문은 대다수 사람들을 불안하게 만든다. 상대적 박탈감에 기인하는 공포와 욕심은 모두가 부동산을 놓고 돈 내기를 하도록 내몬다. 그 끝은 언제나 지저분하고 좋지 않다.

위 사례를 통해 무엇을 알 수 있을까? 전체에 대한 평균을 안다고 해서 함부로 부분을 예단할 수 없다는 게 핵심이다.

반대 상황도 존재한다. 부분적으로 모두 좋았다고 해서 전체적으로도 좋다는 보장은 없다. 전체에 대한 통계치로부터 부분을 함부로 짐작하면 안 되듯, 부분에 대한 통계치를 갖고 전체를 속단할 수 없다는 얘기다. 이를 지적한 영국 공무원 에드워드 심슨의 이름을 따서 '심슨의 역설'이라고 부른다.

대표적인 예로 다음 질문을 생각해보자. 투기거래 시 목표수익률을 달성하는 비율을 투기성공률이라고 정의하자. 두 투기자 A와 B가 있을 때, B의 투기성공률이 A보다 첫 해와 둘째 해 모두 높았다. 이 경우 B가 A보다 언제나 더 능력 있는 (혹은 운이 좋은) 투기자라고 결론 내릴 수 있을까?

답은 "그렇지 않다."다. B가 매년 앞섰음에도 불구하고 결과적으로 A보다 못한 투기성공률을 보였을 수 있기 때문이다. 어떻게 그렇게 될 수 있는지 확인해보자.

A는 첫 해에 투기성공률이 20퍼센트다. B는 같은 해 25퍼센트

성공률을 기록해 A보다 5퍼센트 높았다. 둘째 해에 A는 분발해서 첫
해보다 20퍼센트 더 높은 성공률 40퍼센트를 올렸다. B는 이번에도
A보다 5퍼센트 더 높은 45퍼센트의 성공률을 얻었다. 즉, B는 투기
성공률 상으로 매년 A를 5퍼센트 앞섰다.

〔표 18.6〕은 실제 상황을 보여준다. A는 1년째에 100번 시도해서
20번 성공해 성공률이 20퍼센트다. B는 300번 시도해서 75번 성공
해 성공률 25퍼센트다. 2년째에 A는 300번 시도해서 120번 성공했
다. 성공률로 40퍼센트다. B는 100번 시도해서 45번 성공, 45퍼센트
의 성공률을 얻었다.

투기자	A			B		
	시도 건수	성공 건수	성공률	시도 건수	성공 건수	성공률
1년째	100	20	20%	300	75	25%
2년째	300	120	40%	100	45	45%
합계	400	140	35%	400	120	30%

[표 18.6] 투기자 A와 B의 2년간 투기성공률

두 투기자에게 중요한 투기성공률은 무엇일까? 당연히 2년 치
를 합한 전체 투기성공률이다. 〔표 18.6〕에 의하면, 전체 시도 건수는
400건으로 A와 B가 같다. 반면, 성공 건수는 A가 140건, B가 120건
으로 A가 오히려 더 많다. 즉, 전체 투기성공률로는 A가 35퍼센트, B
가 30퍼센트로 A가 B보다 크다. 부분에서 나타나는 추세가 있다고
해서 전체도 같을 거라고 덥석 믿으면 안 된다는 증거다.

위 얘기에 완전히 납득이 되지 않았다면 다음 사례를 보자. 어떤

부동산투기자 C가 있다. C는 아파트를 총 6채 갖고 있다. 1억 원짜리, 2억 원짜리, 3억 원짜리가 각각 2채씩이다. 즉, C의 자산바구니 처음 가액은 12억 원이다.

1년 후 아파트 가격이 평균 1퍼센트 올랐다고 하자. C는 여전히 6채를 보유하고 있다. C는 반드시 돈을 벌었을까? 다시 말해 개별자산 가격이 평균적으로 올랐으면 바구니 가액도 언제나 오를까?

	가격	처음 수량	가액	변화율	가격	나중 수량	가액
소형	1	2	2	−15%	0.85	4	3.40
중형	2	2	4	9%	2.18	1	2.18
대형	3	2	6	9%	3.27	1	3.27
현금		0		평균 1%		3	
바구니		12				11.85	

[표 18.7] 투기자 C가 보유한 자산바구니 가액 변화

위 질문에 대한 답도 "예."라는 보장이 없다. 바구니에 무엇이 담겼는가에 따라 다르다. 투기자라면 매입 후 장기보유하지 않는 경우가 많다. 가령 C가 앞으로 소형아파트가 더 오르고 중대형은 덜 오른다고 전망했을 수 있다. C는 투기기간 중 거래로써 자신의 전망을 표현한다. 즉, 2억 원짜리와 3억 원짜리를 한 채씩 팔아서 대신 1억 원짜리 두 채를 샀다. 이제 소형아파트는 4채, 중형과 대형은 각각 1채씩이다. 팔아서 생긴 돈 5억 원과 아파트 새로 산 돈 2억 원 간 차액 3억 원은 현금으로 보관했다고 치자.

C의 바람과는 반대로 소형은 15퍼센트 하락하고 중형과 대형은 각각 9퍼센트씩 올랐다고 하자. 단순평균하면 시장가격상승률은 1퍼센트다. 바구니에 담긴 아파트 가액의 합은 〔표 18.7〕처럼 8.85억 원이다. 여기에 3억 원 현금을 더하면 최종 바구니가액은 11.85억 원에 그친다. 3억 원을 세후이자 1퍼센트인 정기예금에 들었다고 해도 11.88억 원으로 처음가액 12억 원에 못 미친다.

위에선 아파트를 예로 들었지만 주식으로 바꿔 생각해도 결론은 같다. 다시 말해 주가지수가 올랐다고 해서 모든 주식투기자가 이익을 봤을 리 없다는 얘기다. 자세한 부분까지 들여다보지 않으면 올바른 결론을 내릴 수 없다.

전체에 대한 통계치와 부분에 대한 통계치 중 어느 쪽이 더 중요한지에 대한 일방적인 답은 있을 수 없다. 개별적인 상황을 살펴야 한다. 어쩌면 더 큰 문제는 똑같은 상황임에도 어떤 식으로 이야기를 들려주느냐에 따라 사람들이 선택을 다르게 한다는 점이다. 캘리포니아 로스앤젤레스대(UCLA)의 주디어 펄은 심슨의 역설보다 이게 더 큰 역설이라고 지적했다. 이야기에 늘 목말라하는 동물, 인간의 또 다른 한계다.

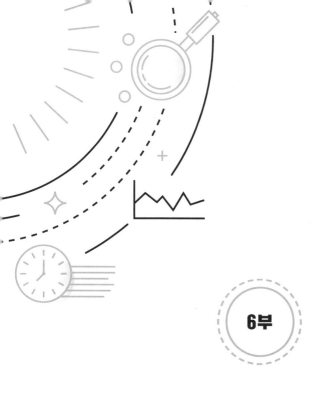

6부

응용금융: 기업재무, 연금, 외환

19

자본과 부채가 반반인 회사를
종 대신 횡으로 자르면?

지금껏 여러분이 고생스럽게 이 책을 읽은 이유는 단 한 가지다. 써먹기 위해서다. 쓸 수 없는 지식은 알 필요 없다. 금융이론은 종이 위에서나 존재하는 경제학의 에메랄드 성을 떠받치는 기둥이 아니다. 그런 역할은 종교 하나면 충분하다.

이번 장부터 마지막 장인 21장까지 세 장으로 구성된 6부는 응용금융을 다룬다. 앞에서 세운 원칙들을 실제 문제에 적용한다는 의미다. 구체적인 분야로 기업재무, 연금, 외환을 골랐다. 이번 장은 그 첫 번째로서 기업재무를 다뤄보도록 하자.

기업재무는 회사와 관련된 금융 문제를 총칭한다. 좀 더 분명히 하자면, 회사 관점 혹은 회사주인 관점에서 서술된 금융이다. 회사 경영에 참여할 의사 없이 주가가 오르면 사고 내리면 파는 투기자 관점이 아니라는 뜻이다.

기업재무에 해당하는 구체적인 고민거리엔 무엇이 있을까? 몇 가지 예를 들면, 회사가치가 얼마인지, 어떤 프로젝트를 추진하는 게 좋을지, 그리고 회사 자본구조를 어떻게 하는 게 최선일지 등이다. 자본구조란 주식과 부채, 말하자면 자기 돈과 빌린 돈을 각각 얼마나 투입할지에 대한 얘기다. 이번 장에선 바로 자본구조와 회사가치에 대한 얘기를 해보도록 하자.

먼저 기존 금융이론을 따르면 어떤 결과가 나오는지 따라가보자. 일반적인 수식을 다루기보다는 실감하기 쉬운 구체적인 숫자를 다루자.

평균적으로 매년 말 세전이익으로 8억 원을 거두는 사업기회가 있다고 하자. 사업을 벌이려면 회사를 설립해서 사람을 뽑고 사업장을 마련해야 한다. 소요 자본이 얼마일지 고민하지 말고 우선 사업기회의 가치가 얼마나 되는지 알아보자.

법인세율은 40퍼센트, 베타를 통해 구한 주식할인율은 연 10퍼센트일 때, 위 사업기회의 가치는 얼마나 될까? 먼저 매년 말 생기는 8억 원은 세금 40퍼센트를 내고 나면 4.8억 원으로 준다. 이 4.8억 원을 주식할인율 연 10퍼센트로 나눈 값이 바로 사업기회가치다. 즉, 48억 원이다.

따라서 회사를 세우는 데 48억 원보다 적게 든다면 회사를 온전히 소유한 나는 돈을 벌 수 있다. 여기서 회사를 온전히 소유했다는 말은 회사 주식을 100퍼센트 갖고 있고, 빚도 지지 않았다는 뜻이다. 가령 갖고 있는 돈 45억 원으로 회사를 세워 위 사업기회를 갖게 됐다면 나는 현재가치로 3억 원을 번 셈이다. 들인 돈은 45억 원이지만 내 회사, 즉 내 주식가치가 48억 원에 달하기 때문이다.

45억 원이 있다면 좋겠지만 돈이 모자라는 경우도 있다. 그럴 땐 먼저 작은 돈으로 회사를 세우고 모자라는 돈은 빌리는 걸 고려해볼 수 있다. 일례로 원래 내 돈 25억 원으로 회사를 세우고 추가로 30억 원을 은행에서 연 9퍼센트 이자율로 빌렸다고 하자. 이 경우 빚을 포함한 회사가치는 얼마나 될까?

위 질문에 답하려면 이른바 '세금방패'를 이해해야 한다. 세금방패는 회사가 세금을 낼 때 이자를 내고 난 나머지 돈에 대해 세금을 내기 때문에 생기는 추가적인 가치다. 그 값은 빚진 돈 원금에 세율을 곱한 값으로 정의된다. 자세한 설명은 부록 4에 있으니 필요하다면 참조하자. 즉, 위 세금방패는 30억 원 곱하기 40퍼센트인 12억 원이다.

기존 이론에 의하면, 빚을 진 회사의 가치는 빚이 없을 때 회사가치에 세금방패를 더한 값이다. 따라서 빚진 후 회사가치는 48억 원 더하기 12억 원인 60억 원이다. 이는 곧 빚졌을 때 주식가치가 30억 원이라는 의미기도 하다. 왜냐하면 회사가치는 언제나 주식과 부채를 더한 값과 같아야 하기 때문이다. 그러므로 회사가치 60억 원에서 빚 30억 원을 뺀 나머지 30억 원이 주식가치다.

이제 위 회사는 부채와 주식가치가 정확히 반반이다. 이번 장 제목은 "자본과 부채가 반반인 회사를 종 대신 횡으로 자르면?"이다. 종으로 자른다는 의미는 〔그림 19.1〕과 같다. 즉, 부채와 주식을 각각 15억 원씩 갖는 두 개의 회사로 분리한다는 뜻이다. 이렇게 종으로 분리된 두 회사의 가치는 얼마나 될까?

직관적으로 보면 각 회사가치는 30억 원이다. 증명도 가능하다. 부채와 주식을 정확히 반으로 갈랐으므로 매년 말 생기는 평균 세전이익 8억 원도 반으로 나눠야 한다. 반으로 나뉜 세전이익 4억 원은 금액은 줄었지만 리스크 등 모든 특징은 원래 회사와 같을 수밖에 없다. 따라서 세전이익 4억 원에 대해 위 계산을 반복하면 정확히 부채 15억 원, 주식 15억 원이라는 결과를 얻을 수 있다. 여기까진 쉽다.

[그림 19.1] 회사를 종으로 자르는 한 가지 경우

종 대신 횡으로 자르면 어떻게 될지 궁금한 건 나만의 생각일까? 횡으로 자른다 함은 두 개 회사로 분리하는데 한 회사가 부채를 모두 승계하고 주식은 적당히 나눈다는 얘기다. 부채를 모두 갖는 쪽을 통칭해 '허약한 회사', 부채 없이 주식만 갖는 회사를 '건강한 회사'라고 부르자. [그림 19.2]는 그중 한 예로 주식 수를 정확히 반씩 나눈 경우다. 가장 극단적인 경우는 허약한 회사는 부채만 갖고 건강한 회사는 주식만 가질 때다. 이런 식으로 자를 때 두 회사가치가 어떻게 되는지 호기심이 든다는 얘기다.

회사를 둘로 나누는 문제는 결국 세전이익을 나누는 문제로 귀결된다. 우선 허약한 회사가 이자를 낼 수 있도록 해줄 필요가 있다. 매년 이자는 부채원금 30억 원 곱하기 9퍼센트인 2.7억 원이다. 8억 원에서 2.7억 원을 빼면 남은 세전이익은 5.3억 원이다. [그림 19.2]처럼 주식을 반씩 나눠 가졌다면 5.3억 원을 둘로 나눈 2.65억 원씩 갖는 게 한 방법일 법하다. 그렇게 나누면 허약한 회사는 세전이익 5.35억 원, 건강한 회사는 세전이익 2.65억 원을 갖는다.

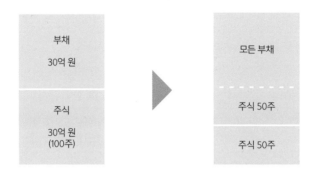

[그림 19.2] 회사를 횡으로 자르는 한 가지 경우

이제 횡으로 자른 두 회사가치를 구해보자. 먼저 허약한 회사를 검토하자. 자른 후 부채가치는 어떻게 될까? 원래 가치 30억 원에서 바뀌어야 할 특별한 이유는 없다. 원금은 여전히 30억 원이고 이자율도 연 9퍼센트로 유지되고 있다. 이자로 낼 돈 2.7억 원도 매년 세전이익으로 받는다.

위 논리에 대한 반론이 있을 수 있다. 세전이익 8억 원에 대한 30억 원 부채와 세전이익 5.35억 원에 대한 부채 30억 원은 같지 않다는 반론이다. 신용리스크 관점에서 아주 틀린 얘기는 아니다. 하지만 세전이익 5.35억 원이 이자비용을 감당하는 데 지장이 없다면 이자율 조정이 없을 수도 있다. 돈을 빌려준 측에서 재조정을 요구하지 않았다면 부채가치는 여전히 30억 원이다. 여기선 재조정 요구가 없었다고 가정하자.

부채가 없다는 가정하에 세전이익 5.35억 원에 40퍼센트 세금을 적용하면 남는 돈은 3.21억 원이다. 따라서 부채가 없는 회사가치는 3.21억 원을 10퍼센트로 나눈 32.1억 원이다. 부채가 없는 주식할인율은 원래 회사와 다를 이유가 없기에 같은 연 10퍼센트를 썼다. 여기에 세금방패 12억 원을 더하면 44.1억 원이다. 세금방패는 부채 곱하기 세율이므로 부채가치가 똑같은 30억 원인 한 다르지 않다. 여기서 부채가치 30억 원을 빼면 허약한 회사 주식은 14.1억 원이다.

이번엔 건강한 회사가치를 구하자. 세전이익 2.65억 원에서 세금 40퍼센트 내고 나면 1.59억 원이다. 이를 10퍼센트로 나눈 15.9억 원이 결국 건강한 회사가치다. 할인율은 조금 전과 마찬가지로 바뀔 이유가 없다.

이제 위 결과가 무엇을 의미하는지 감상해보자. 허약한 회사가치 44.1억 원과 건강한 회사가치 15.9억 원을 더하면 원래의 60억 원이 나온다! 두 회사 주식가치를 더한 값도 14.1억 원 더하기 15.9억 원이므로 도로 30억 원이다. 이대로라면 횡으로 어떻게 잘라도 전체 가치는 변함이 없다는 얘기처럼 보인다.

극단적인 경우에도 같은 결론이 나올까? 예를 들어 허약한 회사가 1주 만을 갖고 건강한 회사가 99주를 갖는다고 해보자. 위 계산을 반복하면 같은 결과가 나온다. 즉, 전체 가치는 여전히 60억 원이다. '잘 짜인 이론을 따르니 당연한 일 아니냐?' 하고 생각할 수도 있다.

그런데 한 가지 문제가 있다. 원래 회사 주식의 1퍼센트만 가진 허약한 회사가치는 28.518억 원이고, 99퍼센트를 가진 건강한 회사가치는 31.482억 원이다. 합하면 60억 원인 건 맞다. 하지만 허약한 회사가치가 28.518억 원이라는 게 마음에 걸린다.

알다시피 허약한 회사엔 30억 원 부채가 있다. 부채가치가 30억 원인데 회사가치가 28.518억 원일 수는 없다. 부채가치는 아무리 커도 회사가치보다 클 수는 없다. 그러려면 허약한 회사가 가진 1주의 가치가 음이어야 한다. 그렇지만 주식가치는 정의상 음일 수 없다. 결국 모순된 결론이 나와버렸다.

마음에 걸리는 게 또 있다. 위 계산에서 부채이자율은 완전히 빠져버렸다. 회사 입장에서 부채가 늘면 세전이익을 잡아먹는다. 이자율이 높아지면 더 많이 깎인다. 당연히 그만큼 회사의 재무 부담은 커진다. 그러나 위 가치 계산에선 아무런 영향이 없다.

단적인 예를 들어보자. 연 9퍼센트로 30억 원을 빌리거나 연 27퍼센트로 10억 원을 빌리거나 회사 입장에서 내는 이자는 똑같다. 하지만 세금방패 관점에서 전자는 12억 원이고 후자는 고작 4억 원이다. 이렇게 볼 수도 있다. 연 9퍼센트로 30억 원을 빌리거나 연 18퍼센트로 30억 원을 빌리나 세금방패는 똑같다. 그러나 이자 부담은 두 배 차이다.

지금까지 기존 이론을 따르면 모순된 결과가 나오게 됨을 보였다. 이제부턴 모순 없이 가치를 구할 수 있는 방법을 구체적 사례를 통해 설명하도록 하자.

먼저 세전이익 8억 원부터 검토하자. 이번 장 제일 앞쪽에 있는 부분을 잘 읽어보면 이는 확정된 8억 원이 아닌 평균 8억 원이다. 사실, 이는 너무 당연한 얘기다. 확정된 8억 원이라면 이는 안전수익이다. 안전수익이라면 안전이자율로 할인하는 게 맞다고 기존 이론조차도 인정한다. 연 복리로 안전수익률은 5퍼센트라고 하자. 이 경우 확정된 세전이익 8억 원을 얻는 사업기회의 가치는 8억 원 나누기 5퍼센트인 160억 원이다.

실제로 세전이익이 확정될 가능성은 거의 없다. 여러 가능성이 있겠지만 예시적 목적으로 사업기회에서 발생할 매출이 일정한 분포를 갖는다고 가정하자. 구체적으로, 매출은 0원에서 16억 원까지 매 2억 원 간격으로 발생할 수 있고 각 경우에 해당하는 확률은 1/9, 즉 약 11.11퍼센트로 모두 같다고 하자. 위 매출에 대한 기댓값을 구하면 8억 원이 나온다.

만약 회사가 물리적 실체 없이 존재할 수 있다면 위 매출 기댓값은 곧 평균 세전이익이기도 하다. 그리고 그런 경우, 회사가 망할 걱정이 없기에 확정된 8억 원이나 위 분포를 갖는 기댓값 8억 원이나 다르지 않다. 물론 후자의 경우, 어떤 해는 2억 원을, 어떤 해는 14억 원을, 또 심지어 어떤 해는 0원을 벌 수도 있다. 하지만 평균적으로 둘은 같다. 그리고 안전이자율로 할인한 현재가치도 정확히 같다. 회사가 망하지 않는다면 매출 휘발도가 얼마나 큰지는 회사가치에 영향을 미치지 않는다.

하지만 실제 회사에 물리적 실체가 없는 경우는 없다. 회사는 임직원에게 임금을 지불해야 하고 사업장을 유지해야 한다. 다시 말해 재료비와 월급 등 기본비용을 감당해야 한다. 그 비용이 연간 5억 원이라고 치자.

위 기본비용 때문에 이제 세전이익은 더 이상 매출과 같을 수 없다. 반드시 작기 마련이다. 매출이 기본비용에 못 미치는 경우 세전이익은 0원이고, 기본비용보다 큰 경우 5억 원을 뺀 금액이 세전이익이다. 말하자면 매출이 12억 원이면 세전이익은 7억 원이다. 이제 세전이익의 기댓값은 계산해보면 4억 원이 나온다.

여기서 한 가지 비유를 들도록 하자. 여러분은 성에 살고 있는 시민이다. 성은 외성과 내성 두 겹으로 돼 있다. 먹고살기 위해선 성 밖에 나가 뭐든 해야 한다. 고기를 잡든, 사냥을 하든, 과일을 줍든 상관없다.

문제는 성으로 돌아오려면 두 번의 문을 통과해야 한다는 점이다. 외성의 문은 은행이 지키고 있고 내성의 문은 국가가 지키고 있다. 통과할 때마다 임차료를 내라고 요구받는다. 통행세라고 생각해도 좋다. 길목을 지키고는 돈 내라고 하면 안 낼 재간이 없다. 내성을 지키는 국가는 그래도 잡은 게 없으면 그냥 통과시켜준다. 하지만 외성을 지키는 은행은 빌린 돈이 있으면 잡은 게 없어도 내놓으라고 한다. 외성에 직접 소유한 문이 있지 않는 한 줄 수밖에 없다. 앞에서 자기 돈 45억 원으로 회사를 세운 예가 바로 본인 소유의 문을 가진 경우다.

연간 평균 4억 원이라는 세전이익은 누구 소유일까? 위 세 사람이 나눠 갖는 모양새다. 은행, 국가 그리고 회사주인이다. 실제로 발생한 세전이익에 따라 나누는 금액은 달라진다. 하지만 확률을 감안한 기댓값 수준에서 세 사람이 갖는 가치의 합은 전체 가치와 다를 수 없다. 무에서 유가 창조될 수는 없기 때문이다.

세전이익의 현재가치는 얼마일까? 개별 세전이익을 안전이자율로 할인해서 확률을 곱하든, 아니면 평균 세전이익을 안전이자율로 할인하든, 결과는 같다. 4억 원을 5퍼센트로 나눈 80억 원이 현재가치다. 안전이자율로 할인하는 이유는 13장에서 설명했다.

이제 각 경우, 은행과 국가 그리고 회사주인이 가져가는 돈의 현재가치를 구해보자. 먼저 빚이 없는 경우부터 보자. 빚이 없으므로 은행 몫은 0이다. 세금은 세전이익의 40퍼센트로 세전이익이 0원이면 세금도 0원이다. 세금의 기댓값은 얼마일까? 계산해보면 연간 1.6억 원이다. 이를 안전수익률 5퍼센트로 할인하면 현재가치 32억 원을 국가가 얻는다.

회사주인 몫인 순이익을 계산할 차례다. 각 세전이익에서 세금을 뺀 금액을 평균하면 연간 2.4억 원이 나온다. 이를 안전수익률 5퍼센트로 할인하면 48억 원이다. 현재가치로 원래 80억 원이었던 세전이익을 국가가 32억 원, 회사주인이 48억 원으로 나눠 가졌음을 확인할 수 있다. 이는 세율 40퍼센트와도 정확히 일치한다.

기존 이론에서 평균 세후이익에 리스크를 감안한 할인율 연 10퍼센트로 할인해 빚이 없는 회사가치 48억 원을 얻었던 기억을 되살려보자. 똑같은 48억 원을 방금 전에 안전수익률로 할인해서 얻었다. 이게 뭘 의미하는 걸까?

매출이 기본비용 5억 원보다 작으면 회사는 손실을 본다. 손실이 누적돼 자본이 잠식되면 회사는 부도다. 이게 진정한 의미의 리스크다. 기본적 비용이 없다면 부도확률은 0퍼센트지만 기본비용 때문에 부도확률이 생겼다. 부도로 이어질 수 있는 손실을 볼 확률은 매년 3분의 1이다.

이는 곧 연 10퍼센트라는 베타에 의한 주식할인율이 사실은 기본비용 때문에 생기는 리스크를 적당히 때려 맞춘 결과일 수도 있음을 시사한다. 신뢰하기 어려운 베타를 거치지 않고도 회사가치를 타당하게 구할 수 있다는 얘기다.

이번엔 빚이 30억 원 있을 때를 검토해보자. [표 19.1]에 이자, 세금, 순이익 분포와 평균, 그리고 안전수익률로 할인한 현재가치를 모두 나타냈다. 결과만 보자면, 은행이 갖는 현재가치는 32.222억 원, 국가가 갖는 현재가치는 19.111억 원, 그리고 회사주인이 갖는 현재가치는 28.667억 원이다. 셋을 모두 합하면 당연히 80억 원이 나온다.

기존 이론에선 빚을 지면 세금방패 때문에 가치가 생긴다고 설명한다. 좀 더 정확한 설명은 가치가 생기는 게 아니라 국가가 가져갈 세금을 일부 뺏어 온 셈이다. 그리고 회사주인에게 돌아갈 가치도 적지 않게 챙겼다. [표 19.1]에 의하면 셋 중 가장 큰 몫을 가진 쪽은 돈을 빌려준 은행이다.

경우	공통		빚이 없을 때		30억 원 빚이 있을 때		
	매출	세전이익	세금	순이익	이자	세금	순이익
1	0	0	0	0	0	0	0
2	2	0	0	0	0	0	0
3	4	0	0	0	0	0	0
4	6	1	0.4	0.6	1	0	0
5	8	3	1.2	1.8	2.7	0.12	0.18
6	10	5	2	3	2.7	0.92	1.38
7	12	7	2.8	4.2	2.7	1.72	2.58
8	14	9	3.6	5.4	2.7	2.52	3.78
9	16	11	4.4	6.6	2.7	3.32	4.98
평균	8	4	1.6	2.4	1.611	0.956	1.433
현재가치	160	80	32	48	32.222	19.111	28.667
합계	-	80	80		80		

[표 19.1] 빚이 없을 때와 있을 때 매출, 세전 이익, 세금 이자 및 순이익의 분포와 평균

흥미롭게도 평균 이자의 현재가치는 32.222억 원으로 부채원금 30억 원보다도 많다. 이게 무슨 얘기일까? 이는 연 9퍼센트라는 부채 이자율이 확률을 감안한 후에 안전수익률보다 높다는 얘기다. 즉, 안전수익률 이상으로 이자를 받았다는 뜻이다. 이를 통해 은행이 추가적 이익을 얻었음을 확인할 수 있다.

이 방법의 또 다른 장점은 부채이자율이 변함에 따라 각 당사자에게 돌아가는 현재가치의 변화도 구할 수 있다는 점이다. 예를 들어 빚 30억 원의 이자율이 연 9퍼센트가 아닌 연 9.5퍼센트라고 해보자.

직관적으로 은행 몫이 더 커지고, 국가와 회사주인 몫이 줄어들 걸로
짐작할 수 있다. 기존 이론에선 아무 차이 없다고 했다.

이자율	은행	국가	회사주인	전체
연 9%	32,222억 원	19,111억 원	28,667억 원	80억 원
연 9.5%	33,889억 원	18,444억 원	27,667억 원	80억 원
차액	1,667억 원	-0.667억 원	-1억 원	0원

[표 19.2] 부채 이자율 변화에 따른 각 당사자의 현재 가치 변화

〔표 19.2〕에 의하면, 이자율을 연 0.5퍼센트 높임에 따라 은행이
갖는 현재가치는 1.667억 원 늘었다. 이 돈은 국가로부터 0.667억 원,
회사주인으로부터 1억 원을 더 받아낸 결과다. 상식적으로도 이는
이해가 된다. 물론 합산한 전체 가치엔 변화가 없다.

빚을 지면 가치가 더 생긴다는 말은 다시 생각해보면 어이가 없
어도 한참 없다. 납이나 수은으로 금과 은을 만들 수 있다는 연금술
이 거짓으로 판명됐듯이 금융의 연금술도 예나 지금이나 엉터리긴
매한가지다. 베타만큼 수익률이 커진다거나 빚을 지는 만큼 회사가치
가 늘어난다는 이론 등이 바로 금융 연금술의 도구다.

20

펀드수익률로
연금을 평가해도 될까?

연금은 중요한 응용금융이다. 앞 장에서 다룬 기업재무는 회사를 소유했거나 회사에서 재무 담당이 아니라면 아무래도 실감이 나지 않는다. 연금은 다르다. 이보다 더 많은 사람에게 관련되는 금융 분야를 찾기 어려울 정도다. 모두가 관련된 문제라는 얘기다.

그럼에도 불구하고 막상 연금에 대해 제대로 알고 있는 사람은 적다. 일반인은 물론이거니와 금융업계도 마찬가지다. 계리를 공부한 소수를 제외하면 잘 모른다. 문제는 잘 모르는 이들이 어설픈 주장을 퍼트린다는 점이다. 남의 돈을 관리하는 사람으로서 신의성실 의무를 우선시해야 하지만 세일즈가 전부인 업계는 종종 본말을 뒤집는다.

그중 하나가 수익률 문제다. 2014년에 와서 보니 연금사업자가 공표하는 수익률이 수수료 차감 전 수익률이었다. 연금가입자인 일반인에게 중요한 수익률은 당연히 수수료 차감 후 수익률이다. 아무리 겉으로 드러난 수익이 많은들 무슨 소용이겠는가, 태반이 금융회사가 가져갈 수수료라면 말이다. 그래서 그것부터 바꿔놓았다. 지금 공표 중인 수익률은 수수료를 빼고 남은 실수익률이다. 더불어 연간 수수료율도 비교하도록 해놓았다.

수익률에서 수수료를 뺀다고 해도 여전히 문제가 있을 수 있다. 수익률 계산 방법이 제각각이라면 비교가 무의미해서다. 연금은 수익률 계산이 가장 까다로운 경우다. 왜 그런지 알아보자.

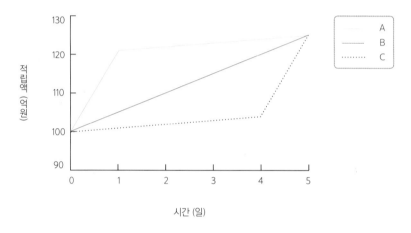

[그림 20.1] 연금 A, B, C의 5일간 적립액 변화

[그림 20.1]에 나타낸 서로 다른 세 연금 A, B, C의 5일간 적립액 변화를 보자. 최초 적립액은 100억 원으로 셋 다 같다. A는 첫날 21억 원이 늘고, 나머지 4일간은 1억 원씩 늘어난 경우다. B는 매일 똑같이 5억 원씩 증가한 경우다. 세 번째인 C는 A와 일종의 대칭을 이룬다. 즉, 처음 4일간 1억 원씩 늘다가 마지막 날인 5일째 21억 원이 늘어난 경우다. 결과적으로 A, B, C의 적립액은 5일째에 똑같이 125억 원

이다.

수익률 식 종류는 다양하기 그지없다. 그중 업계가 애용하는 식은 이른바 펀드수익률이다. 펀드수익률은 과거 한 시점과 현재 시점 사이 기준가격 변화로 구한다. 2장에서 설명했던 퍼센티지수익률과 같다고 볼 수 있다.

위 A, B, C에 대해 5일간 펀드수익률을 구하면 얼마가 나올까? 세 경우 모두 25퍼센트로 똑같은 값이 나온다. 날마다 적립액이 증가한 방식은 서로 다르다. 하지만 최종결과는 같다. 그렇다면 셋은 서로 동등하다고 할 수 있을까? 다시 말해 펀드수익률 식을 갖고 연금을 비교해도 될까?

그렇게 하면 안 되는 이유가 있다. 연금적립액은 손익과 무관하게 커지거나 작아질 수 있다. 연금에 편입된 자산에 수익이 나도 적립액은 줄어들 수 있고, 손실에도 불구하고 적립액은 늘어날 수 있다는 얘기다. 날마다 발생하는 손익과 무관한 현금 유출입 때문이다.

연금가입자가 내는 납입금은 손익과 관련 없이 연금적립액을 늘린다. 개인 관점에서 납입금은 매달 혹은 매년 한 번이지만, 수십만 명 이상이 가입한 연금 관점에선 날마다 돈이 들어온다. 그렇기에 전혀 수익이 나지 않는 상황에서도 연금적립액은 꾸준한 증가를 보일 수 있다.

반대로 손익과 무관하게 연금적립액이 줄 수 있다. 현금 유출 때문이다. 현금 유출의 원인은 두 가지다. 하나는 연금가입자가 받아가는 연금지급금과 해지금액이다. 다른 하나는 바로 금융회사가 떼어가는 수수료다. 이 또한 날마다 발생한다. 따라서 정확한 수익률을 구하려면 위에서 언급한 손익과 무관한 현금 유출입을 감안해야 한다.

펀드수익률을 연금에 적용할 수 없는 또 다른 이유는 바로 내재된 관점이 연금과 맞지 않기 때문이다. 이를테면 10년 펀드수익률이 20퍼센트라는 말은 '10년 전에 1억 원을 묻어두었다면 지금 1.2억 원이 돼 있을 텐데.'를 뜻한다. 이른바 거치식 예금과 다를 게 없다. 하지만 연금을 그렇게 적립하고 수령하는 경우는 극히 드물다. 연금은 장기간에 걸쳐 조금씩 돈을 적립한 결과다. 중간 어느 시점에 얼마나 적립했는지에 따라 결과가 십인십색이다.

그렇다면 해결책이 없는 걸까? 없진 않다. 수익과 손실이 날마다 발생하고, 동시에 손익과 무관한 원인으로 현금이 들어오고 나가는 가장 일반적인 경우에 대한 연금수익률을 부록 5에 나타냈다. 여기선 핵심 아이디어만 설명하도록 하자.

먼저 〔그림 20.1〕에 나타낸 기간 중 손익과 무관한 현금 유출입은 없었다고 가정하자. 즉, 순수하게 발생된 수익만 놓고 비교하는 셈이다. 급소를 건드리는 질문은 다음과 같다. C에서 첫날 수익은 1억 원이고, 4일째 수익도 1억 원이다. 그렇다면 첫날과 4일째가 수익률 관점에서 서로 같다고 볼 수 있을까?

수익은 날마다 변하기 마련이라는 관점으로 보면 둘은 결코 같지 않다. 무슨 말이냐면, 첫날 수익의 원금은 100억 원인 반면, 4일째 수익의 원금은 104억 원이다. 원금이 100억 원일 때 1억 원 수익은 퍼센티지수익률로 1퍼센트다. 하지만 원금이 104억 원이라면 같은 1억 원 수익이어도 퍼센티지수익률은 약 0.96퍼센트로 1퍼센트보다 작다.

마찬가지로 A에서 첫째 날 발생한 21억 원과 C에서 5일째 발생한 21억 원도 원금이 다르다. A 원금은 100억 원이고, C 원금은 104억 원이다. 하루 기간의 성과라는 관점으로 보면 A가 C보다 더 높다.

이제 다음 두 가지 방식 중 하나를 선택해야 한다. 하나는 퍼센티지수익률을 연금에 대해 적용하는 방법이고, 다른 하나는 로그수익률로 연금을 평가하는 방법이다. 2장에서 단위기간 수익이 계속 누적되는 상황이라면 퍼센티지수익률을 쓸 수 없음을 보였다. 연금의 경우도 마찬가지일지 확인해보자.

먼저 퍼센티지수익률을 연금에 대해 정의하려면 어떻게 해야 할까? 연금에서 원금은 날마다 바뀐다. 따라서 장기간 수익률을 계산하려면 원금을 적절히 구해야 한다. 평균 원금을 구한다고 생각해도 좋을 듯싶다. 분자는 날마다 발생한 수익을 다 더한 값으로 놓는다.

	A	B	C
기간 중 총수익	25억 원	25억 원	25억 원
평균 원금	118억 원	110억 원	102억 원
퍼센티지연금수익률	21.19%	22.73%	24.51%

[표 20.1] 연금 A, B, C의 퍼센티지연금수익률

〔표 20.1〕에 A, B, C에 대한 퍼센티지연금수익률을 나타냈다. 〔표 20.1〕대로라면 C가 가장 우수한 성과를 보였다. 퍼센티지연금수익률이 24.51퍼센트로 제일 높기 때문이다. B가 22.73퍼센트로 중간이고 A가 21.19퍼센트로 가장 낮다.

수익 21억 원에 대한 수익률이란 면으론 A가 높고 C가 낮다. 반면, 1억 원 수익에 대한 수익률은 A가 낮고 C가 높다. 둘은 서로를 상쇄한다. 그럼에도 불구하고 C가 더 높게 나온 이유는 A보다 평균 원금이 한참 낮게 계산된 덕분이다. 다시 말해 큰 수익이 언제 발생했는가가 연금수익률에 영향을 미친다. 초반에 큰 수익을 얻은 후 지지부

진하면 결과적으로 평균 원금만 올라가서 수익률이 낮게 계산된다.

위와 같은 결론은 뭔가 찜찜하다. 현금 유출입이 없는 위 가정대로라면 A, B, C는 로그수익률이 서로 같다. 문제는 현금 유출입이 있는 연금에 대해서도 로그수익률을 정의할 수 있는가다. 다행스럽게도, 현금 유출입이 있는 연금에 대한 로그수익률도 정의하는 게 가능하다. 자세한 결과는 부록 5를 참조하자.

이제 현금 유출입이 있는 일반적인 연금에 대해 로그수익률을 구해보자. 먼저 매일 납입금이 1억 원씩 들어왔다고 가정해보자. 증가한 적립액에서 들어온 납입금을 뺀 금액이 실수익이다. 이 경우 A는 첫날 실제 발생한 수익이 20억 원이고, 나머지 4일 동안은 실수익이 없다. B는 날마다 실수익 4억 원을 얻었고, C는 처음 4일간 실수익이 없다가 5일째 20억 원을 얻는다. 이러한 가정하에 각 연금에 대한 로그연금수익률과 퍼센티지연금수익률을 [표 20.2]에 나타냈다.

	A	B	C
로그연금수익률	0.1823	0.1793	0.1759
퍼센티지연금수익률	16.95%	18.18%	19.61%

[표 20.2] 납입금이 매일 1억 원일 때 연금 A, B, C의 로그수익률과 퍼센티지 수익률

[표 20.2]에 의하면 퍼센티지연금수익률은 아까처럼 C가 제일 높다. 하지만 로그연금수익률은 정반대다. A가 0.1823으로 제일 높고, B가 0.1793으로 중간, C가 0.1759로 제일 낮다. 즉, 로그연금수익률과 퍼센티지연금수익률은 서로 다른 경향을 보인다. 이런 경우 둘다 옳을 리는 없다.

이번엔 납입금이 매일 5억 원인 경우를 검토해보자. 제일 먼저 눈에 띄는 사실은 이 경우 퍼센티지연금수익률이 A, B, C 모두 0퍼센트라는 점이다. 5일간 적립액 총 증가액이 25억 원인데 5일간 납입금 합계도 25억 원이므로 실수익이 0원이라서다. 분모에 무슨 값이 오든 간에 분자가 0이므로 퍼센티지연금수익률은 0퍼센트다.

	A	B	C
로그연금수익률	0.0156	0	−0.0177
퍼센티지연금수익률	0%	0%	0%

[표 20.3] 납입금이 매일 5억 원일 때 연금 A, B, C의 로그수익률과 퍼센티지 수익률

반면, 로그연금수익률은 다르다. 아까 매일 납입금이 1억 원일 때와 마찬가지로 A가 제일 높고, B가 그다음, C가 제일 낮다. B의 경우 날마다 실수익이 0원이므로 5일간 로그수익률도 당연히 0이 나온다. 흥미로운 부분은 A는 로그수익률이 0보다 크고 C는 0보다 작다는 점이다. 왜 그런지를 이해해보자.

A에서 16억 원 실수익을 얻을 때 원금은 100억 원이고, 나머지 4일 동안 매일 4억 원씩 손실을 볼 때 원금은 121억 원에서 124억 원 사이이다. C의 경우 실수익 16억 원에 해당하는 원금은 104억 원이고, 나머지 4일 동안 매일 4억 원씩 손실을 볼 때 원금은 100억 원에서 103억 원 사이이다. 실수익 16억 원에 대한 로그수익률은 원금이 작은 A가 높고, 손실 4억 원에 대한 로그수익률은 원금이 작은 C가 손실률의 절댓값이 크다. 즉, 아까 퍼센티지수익률과는 달리 둘은 서로 상쇄되지 않고 같은 결론을 가리킨다.

로그연금수익률은 수익이 날마다 누적되는 효과를 왜곡 없이 평가한다는 측면에서 퍼센티지연금수익률보다 더 신뢰할 만하다. 수익률을 인위적으로 부풀려 착시를 일으키겠다는 게 아니라면 업계가 퍼센티지연금수익률을 고집할 이유는 없다.

21

도쿄 스시와 서울 초밥을
더 싸게 먹는 방법은?

드디어 이 책의 마지막 장이다. 지금까지 쉽지 않은 얘기를 해왔다. 마무리만큼은 즐거운 얘기를 하도록 하자. 바로 음식 얘기다.

많은 사람들이 좋아하는 음식 중에 초밥이 있다. 초밥의 원조는 역시 일본 스시다. 금융이론 중에는 한국 사람과 일본 사람이 서울 초밥과 도쿄 스시를 더 싸게, 결과적으로 더 많이 먹을 수 있게 해준다는 마술 같은 이론도 있다. 어떤 내용인지, 그리고 그 주장이 사실인지 알아보자.

제일 먼저 돈을 정의하자. 우리나라 돈은 원이고 일본 돈은 엔이다. 역사적으로 엔-원 환율은 가장 낮을 때 약 4.4까지 내려오고, 가장 높을 땐 16을 넘겼다. 지금 환율은 10.15 정도로, 계산 편의를 위해 10이라고 간주하자. 엔-원이 10이라는 의미는 1엔을 주면 10원을 받을 수 있다는 뜻이다. 물론 반대로 10원을 주면 1엔을 받는다는 뜻이기도 하다.

다음, 한국 사람 홍길동은 20만 원을 갖고 있고, 일본 사람 나카무라는 2만 엔을 갖고 있다고 하자. 현재 엔-원이 10이므로 둘이 가진 돈은 서로 가치가 같다.

이어 초밥과 스시 가격을 정하자. 초밥 가격은 1인분 한 접시에 만 원이고 스시 가격은 천 엔이라고 하자. 따라서 길동은 초밥을 20접시 먹을 수 있고 나카무라도 스시를 20접시 먹을 수 있다. 서울과 도쿄라는 장소 차이만 빼면 길동과 나카무라가 처한 조건은 똑같다.

이제 마술을 시작해보자. 마술을 부리려면 한 가지 꼭 필요한 게 있다. 바로 엔-원이 변해야 한다는 점이다. 이 책에서 휘발도라고 이름 지은 성질 얘기다.

변하긴 변하는데 오를지 내릴지는 알 수 없다. 오르면 두 배로 오르고 내리면 반으로 준다고 하자. 오르고 내릴 확률은 각각 50퍼센트로 같다. 마지막으로 한 가지 특성이 더 있는데, 오른 다음에는 반드시 내리고 내린 다음엔 반드시 오른다는 점이다. 말하자면 두 배로 올랐으면 다음엔 다시 반으로 줄고, 반대로 반으로 준 후에는 다시 두 배 오른다는 뜻이다. 금융에서는 이러한 성질을 가리켜 '평균회귀'라는 용어를 쓴다.

먼저 길동 입장에서 출발해보자. 지금 갖고 있는 돈 20만 원으론 초밥 20접시를 사 먹을 수 있다. 20만 원을 그대로 둬도 그냥 20만 원이다.

그런데 엔-원이 지금은 10이지만 조만간 20 아니면 5로 바뀐다. 따라서 엔-원의 기댓값은 20과 5를 평균한 12.5다. 1엔이 지금은 10원이지만 곧 평균적으로 12.5원이 된다는 얘기다. 그러므로 20만 원을 지금 엔으로 바꾸면 2만 엔이고, 2만 엔은 조만간 엔-원 기댓값 12.5를 곱해 25만 원이 된다. 지금보다 5만 원이 더 생겼다! 따라서 초밥을 25접시 먹을 수 있다.

길동이 먹을 수 있는 초밥 접시 수가 늘었다면 나카무라가 먹을 수 있는 스시 접시 수는 줄어드는 게 마땅해 보인다. 정말 그런지 확인해보자.

나카무라 입장에서 갖고 있는 돈 2만 엔을 그대로 두면 그냥 2만 엔이다. 이걸론 지금이든 혹은 나중이든 스시 20접시를 먹을 수 있다.

나카무라 입장에선 엔-원 대신 원-엔을 생각하는 게 편하다. 원-엔은 1원으로 맞바꿀 수 있는 엔 금액이다. 지금 엔-원이 10이므로 원-엔은 그 역수인 0.1이다. 나카무라가 지금 2만 엔을 팔면 20만 원을 가질 수 있다.

그렇지만 엔-원은 변한다. 엔-원이 20이 되면 원-엔은 0.05고, 엔-원이 5가 되면 원-엔은 0.2다. 원-엔이 0.05가 되거나 0.2가 될 확률 또한 각각 50퍼센트다. 그렇다면 원-엔의 기댓값은 0.05와 0.2를 평균한 0.125다. 나카무라가 바꿔 갖고 있던 20만 원에 0.125를 곱하면 2만5천 엔이 나온다. 나카무라도 처음보다 돈이 25퍼센트 늘었다! 스시 1인분 가격 천 엔을 생각하면 나카무라도 25접시를 먹을 수 있다.

결론적으로, 길동과 나카무라 둘 다 처음보다 초밥과 스시를 5접시씩 더 먹을 수 있다는 얘기다. 엔-원 휘발도가 커질수록 접시 수는 늘어난다. 이런 게 마술이 아니면 뭐가 마술이랴. 의심스럽다면 다시 한 번 찬찬히 확인해봐도 좋다. 믿기지 않겠지만 위 계산에 틀린 부분은 없다.

영리한 독자라면 위 얘기의 허점을 찾아냈을 테다. 기댓값, 즉 평균과 실제는 다를 수 있다는 점이다. 이런 걸 가리켜 '평균의 결함'이라고 부르기도 한다.

 길동과 나카무라가 기대할 수 있는 초밥 접시 수는 평균 25개다. 여기엔 한 점 오류가 없다. 그러나 이를 두고 "실제로" 길동과 나카무라가 25개씩 먹을 수 있다고 얘기하는 순간 선을 넘어버렸다. 즉, 위 말은 성립하지 않는다. 왜 그런지 생각해보자.

 엔-원이 10에서 20이 되거나 혹은 5로 줄어들 확률은 각각 50퍼센트다. 따라서 기댓값은 12.5가 맞다. 하지만 이는 현재 시점의 기댓값일 뿐이다. 실제로 미래 엔-원은 20이 되거나 5가 될 뿐이다. 둘 다 동시에 될 수는 없다.

 그렇다면 경우는 둘 중 하나다. 엔-원이 20이 되면 길동의 2만 엔은 40만 원이 된다. 길동은 이제 초밥 40접시를 먹을 수 있다. 25접시가 아니다. 반면, 나카무라의 20만 원은 만 엔이다. 나카무라는 스시 10접시에 만족해야 한다. 이 또한 25접시가 아니다.

 반대 경우가 발생해도 비슷한 얘기가 성립한다. 엔-원이 5가 되면 길동의 2만 엔은 10만 원에 지나지 않는다. 대신, 나카무라가 가진 20만 원은 4만 엔으로 바뀐다. 길동은 10접시, 나카무라는 40접시를 먹을 수 있다. 어느 쪽이든 25접시는 아니다.

 즉, 어느 경우가 발생하든 간에 10접시 혹은 40접시를 먹을 수 있고, 25접시를 먹는 일은 없다. 길동이 40접시를 먹으면 나카무라는 10접시밖에 못 먹고, 나카무라가 40접시를 먹으면 길동은 10접시밖에 못 먹는다. 그러니까 길동과 나카무라가 둘 다 5접시씩 더 먹을 수 있다는 말은 옳지 않다.

 위로부터 얻을 수 있는 교훈이 있다. 국내총생산이나 1인당 국민소득과 같은 평균을 가지고 사람들을 속이면 안 된다는 점이다. 제아무리 평균 접시 수가 늘어난들 실제로 그렇게 가질 일이 없다면 무슨 소용이란 말인가? 늘어난 접시를 부유한 소수만 차지하는 상황이라면 더욱 그렇다.

그런데 이게 얘기의 끝이 아니다. 실제로 길동과 나카무라가 5접시씩 더 먹는 방법이 있다. 마술이 가짜가 아닌 셈이다. 어떻게 그럴 수 있는지 설명해보자.

방법은 간단하다. 길동과 나카무라가 함께 서류상의 회사, 즉 페이퍼컴퍼니를 세우는 거다. 이른바 특수목적법인, 일반인의 용어로 유령회사다. 유령회사의 소재지는 당연히 조세회피처인 버뮤다제도나 케이만제도다. 그러곤 각자 가진 돈을 페이퍼컴퍼니에 집어넣고 주식을 50퍼센트씩 나눠 갖는다. 페이퍼컴퍼니의 자산은 20만 원과 2만 엔이다.

이제 엔-원이 20이 됐다고 해보자. 그러면 2만 엔은 40만 원과 같고 20만 원은 만 엔과 같다. 40만 원으론 40접시를 살 수 있고 만 엔으론 10접시를 살 수 있다. 합치면 전부 50접시. 길동과 나카무라는 페이퍼컴퍼니의 주식을 50퍼센트씩 갖고 있으므로 자산도 똑같이 반으로 나눠 갖는다. 결과적으로 길동과 나카무라는 25접시씩 먹을 수 있다!

짐작할 수 있겠지만, 엔-원이 5가 돼도 최종결과는 마찬가지다. 2만 엔은 10만 원과 같고 20만 원은 4만 엔과 같다. 10만 원으로 10접시, 4만 엔으로 40접시를 사면 결국 총 50접시. 이때도 길동과 나카무라는 각각 25접시씩 먹을 수 있다.

생각이 여기까지 미치면 위보다 더 좋은 방법도 찾아낼 수 있다. 엔-원이 20이 됐을 때 2만 엔만 40만 원으로 바꾸고 20만 원은 그냥 두면 전부 60만 원이다. 결과적으로 길동과 나카무라는 처음보다 각각 10접시씩 더 먹는다. 엔-원이 5가 돼도 다르지 않다. 20만 원은 4

만 엔으로 바꾸고 2만 엔은 그냥 두면 6만 엔이다. 스시 60접시를 길 동과 나카무라가 30접시씩 나눠 갖는 셈이다.

위 마술은 종이 위에선 완벽하다. 이제 실제로 위 마술을 부리려 고 할 때 겪을 어려움을 설명하자. 실제로는 잘 안 된다는 얘기를 하 려는 중이다.

첫째, 초밥과 스시는 운반이 쉽지 않다. 금방 상하기 때문이다. 서울에서 산 초밥 40접시 중 15접시를 도쿄로 운송한다고 생각해보 자. 가능한 방법은 비행기 아니면 배다. 배로 가는 게 수송비는 싸겠 지만 며칠 걸려 도착하면 아예 먹을 수 없다. 따라서 현실적으로 유일 한 수단은 비행기다. 그런데 총 15만 원어치 초밥 15접시를 보내기 위 해 비행기를 탄다고 생각하면 배보다 배꼽이 더 크다. 도쿄에서 서울 로 보낼 때도 꼭 같은 문제가 있다.

둘째, 초밥과 스시 가격이 변할 수 있다. 물론 40접시를 산다고 해서 초밥이나 스시 가격이 서울과 도쿄에서 변할 것 같지는 않다. 하 지만 4만 접시 혹은 4억 접시라면 얘기가 다르다. 가령 원래 각각 20 만 접시씩 서울과 도쿄에서 팔았다고 해보자. 길동과 나카무라의 페 이퍼컴퍼니 때문에 이제 서울에선 40만 접시를 사겠다고 들고 도쿄 에선 10만 접시만 산다. 서울의 초밥 가격은 하늘로 치솟고 도쿄의 스 시 가격은 바닥으로 주저앉는다. 결과적으로, 구입한 접시 수가 40만 접시와 다르지 않을 수 있다.

이 외에도 관세라든지 비관세장벽 등 때문에 위 마술은 실제로 는 불가능에 가깝다. 역시 마술은 상상 속에서나 존재하는 허구라고 결론 내리고 싶다.

위 문장으로 이 책을 마무리할 수 있으면 얼마나 좋으랴. 꼭 그렇 지만도 않다는 얘기를 하지 않을 수 없어 마음이 어둡다.

위에서 초밥을 예로 들었지만 초밥 대신, 가령 부동산을 생각해 보자. 국경을 마음대로 넘나들 수 있는 국제자본은 엔-원이 어느 쪽으로 움직이든 이득을 본다. 엔-원이 20이 되면 가치가 오른 엔을 이용해 서울의 부동산을 사들인다. 엔-원이 20까지 올라갔다면 빚을 갚지 못하고 망한 한국 회사들이 소유했던 건물도 헐값에 나오기 십상이다.

앞에서 가정했듯이, 20으로 오른 엔-원은 이내 10으로 되돌아간다. 따라서 환율 하나만으로도 새로 사들인 서울 부동산은 2배 가치가 되었다. 환율의 평균회귀는 국제자본의 투기를 돕는 중요한 조력자다. 그렇게 원래 환율로 돌아와야 또 새로운 사이클을 돌린다.

엔-원이 5로 내려가면 달라질까? 그렇지 않다. 그때는 가치가 오른 원을 팔아 엔을 마련해 도쿄의 부동산을 사들인다. 엔-원이 다시 10으로 돌아오면 환율만으로 100퍼센트 수익을 얻는다. 이를 반복하며 국제자본은 자가증식을 계속한다.

일하는 사람이 번 돈이 어느새 휴지가 돼버리는 이유다.

비대칭적으로
가격이 변화하는 경우

현재 자산가격이 A_0고 단위기간 로그수익률이 r이라고 하자. 하나의 단위기간 경과 후, 올랐을 때 가격이 A_u, 내렸을 때 가격이 A_d라고 할 때, 가장 일반적인 수식은 다음과 같다.

$$A_u = A_0 e^r (1 + u)$$

A1.1

$$A_d = A_0 e^r (1 - d)$$

A1.2

위에서 u는 단위기간 동안 오르는 폭이고, d는 단위기간 동안 내리는 폭이다. 오르고 내리는 폭은 단위기간 로그수익률만큼 변화된 값을 기준으로 한다. 또한 u와 d는 일반적으로 서로 다르다.

하나의 단위기간 경과 후 단위기간 로그수익률 r이 성립하려면, 다음 식이 성립해야 한다.

$$A_0 e^r = p \times A_0 e^r (1+u) + (1-p) \times A_0 e^r (1-d)$$

A1.3

여기서 p는 단위기간 동안 단위기간 로그수익률을 기준으로 u 만큼 오를 확률이다.

식 (A1.3)의 양변을 $A_0 e^r$로 나누고 정리하면,

$$p = \frac{d}{u+d}$$

A1.4

즉, 식 (A1.4)가 성립하는 경우, 1단위기간 후 p의 확률로 u만큼 오르거나 $1-p$의 확률로 d만큼 내리는 가격의 기댓값은 $A_0 e^r$과 같다.

식 (A1.4)를 만족하는 이항나무에서 A_{ud}와 A_{du}가 일치하는지는 중요한 문제다. A_{ud}는 첫 번째 단위기간에는 올랐다가 두 번째 단위기간엔 내린 경우를 가리키며, A_{du}는 첫 번째 단위기간에는 내렸다가 두 번째 단위기간에 오른 경우를 가리킨다. 이 둘이 일치하지 않아도 이항나무를 만들 수는 있지만 단위기간의 수가 늘수록 기하급수적으로 가격의 수가 증가해 계산상의 어려움이 커진다.

A_{ud}와 A_{du}를 구해보면 아래와 같다.

$$A_{ud} = A_u \times e^r (1-d) = A_0 e^{2r} (1+u)(1-d)$$

A1.5

$$A_{du} = A_d \times e^r (1+u) = A_0 e^{2r} (1+u)(1-d)$$

A1.6

즉, A_{ud}와 A_{du}는 서로 같다. 이러한 관계는 식 (A1.4)가 성립하는 한, 임의의 시점과 가격에서도 항상 성립한다.

최종시점에서 가격의 기댓값을 구하려면 각각의 가격에 대한 확

률을 알아야 한다. 전체 투기기간이 n개의 단위기간으로 이뤄지고, n 번 중 m번 가격이 오른 가격의 확률은 다음 식에 의해 주어진다. $p(a, b)$는 a번 오르고 b번 내릴 확률을 나타낸다.

$$p(m, n-m) = {}_n C_m \, p^m (1-p)^{n-m}$$

A1.7

자산 바구니의
로그수익률

n종류의 자산 A_j 각각에 해당하는 1기간 로그수익률이 r_j면 다음 식이 성립한다.

$$r_j = \ln\left(\frac{A_{j,\,t+1}}{A_{j,\,t}}\right), j = 1 \ to \ n$$

A2.1

식 (A2.1)은 다음처럼 변환될 수 있다.

$$A_{j,\,t+1} = A_{j,\,t}\,e^{r_j}$$

A2.2

자산 바구니의 1기간 로그수익률은 다음처럼 정의된다.

$$r_p = \ln\left(\frac{\sum\limits_{j=1}^{n} A_{j,\,t+1}}{\sum\limits_{j=1}^{n} A_{j,\,t}}\right)$$

A2.3

식 (A2.2)를 식 (A2.3)에 대입하면,

$$r_p = \ln\left(\frac{\sum\limits_{j=1}^{n} A_{j,\,t}\,e^{r_j}}{\sum\limits_{j=1}^{n} A_{j,\,t}}\right)$$

A2.4

각 자산별 초기가액 비중으로 식 (A2.4)를 나타내면,

$$r_p = \ln\left(\sum\limits_{j=1}^{n} w_j\,e^{r_j}\right),\, w_j = \frac{A_{j,\,t}}{\sum\limits_{j=1}^{n} A_{j,\,t}}$$

A2.5

혹은 식 (A2.4)를 풀어서 정리하면,

$$\sum\limits_{j=1}^{n} A_{j,\,t}\left(e^{r_p} - e^{r_j}\right) = 0$$

A2.6

즉, 자산 바구니 1기간 로그수익률 r_p는 식 (A2.5)나 식 (A2.6)에 의해 구할 수 있다.

부록 3.

디지털 투기자산의
명목로그수익률과 부도확률

디지털 투기자산의 원금이 A_0, 명목로그수익률이 r일 때, 부도가 나지 않을 경우 만기에 돌려받을 돈 A_{nd}는 다음과 같다.

$$A_{nd} = A_0 e^r$$

A3.1

반면, 부도 시 회수율이 c일 때, 부도 후 만기에 돌려받을 돈 A_d는,

$$A_d = cA_0$$

A3.2

특정 만기에 대한 안전로그수익률이 s고 부도확률이 p일 때, 모든 투기자산의 기대로그수익률이 안전로그수익률과 같다고 가정하면, 다음 식이 성립한다.

$$(1-p)A_{nd} + pA_d = A_0 e^s$$

A3.3

식 (A3.3)을 정리하면,

$$p = \frac{e^r - e^s}{e^r - c}$$

A3.4

반대로, 디지털 투기자산의 명목로그수익률 r을 부도확률 p의 함수로 표현하면,

$$r = \ln\left(\frac{e^s - pc}{1-p}\right)$$

A3.5

기업재무에 관한
20세기 금융이론 요약

법인세가 없을 때, 매년 순이익 I를 버는 회사가치는 부채가 없다면 다음과 같다.

$$V_u = \frac{I}{r_{E,\,u}}$$

A4.1

여기서 $r_{E,u}$는 부채가 없는 주식에 대한 연복리할인율로서, 본문 11장에 나온 식으로 정의된다.

법인세율이 T_c일 경우, 주주에게 돌아가는 순이익이 $I(1-T_c)$로 줄어드므로, 위 회사가치는 다음처럼 변한다.

$$V_{u,\,tax} = \frac{I\left(1-T_c\right)}{r_{E,\,u}} = E_u$$

A4.2

회사가 빚을 지는 경우, 자본주의 시스템에선 이자비용을 차감한 후 법인세를 부과한다. 즉, 이자비용만큼 세금을 합법적으로 덜 낸다. 이를 보통 절세효과라고 부르지만 직역하면 세금방패다. 부채 D를 연 이자율 r_D로 빌릴 경우 매년 덜 내는 세금은 $D \times r_D \times T_c$다. 따라서 위 회사가 부채 D를 가지면 회사가치는 세금방패로 인해 다음처럼 늘어난다.

$$V_l = \frac{I(1-T_c)}{r_{E,u}} + \frac{Dr_D T_c}{r_D} = \frac{I(1-T_c)}{r_{E,u}} + DT_c$$

A4.3

식 (A4.3)에서 $D \times r_D \times T_c$를 r_D로 할인하는 이유는 회사가 세금을 낼 수 있는 한 이 현금흐름의 리스크가 부채에 대한 이자와 같다고 볼 수 있기 때문이다.

회사가치는 주식과 부채의 합과 같으므로, 부채 D를 가진 회사 주식가치는,

$$E_l = \frac{I(1-T_c)}{r_{E,u}} - D(1-T_c) = \left(\frac{I}{r_{E,u}} - D\right)(1-T_c) = E_u - D(1-T_c)$$

A4.4

즉, 돈을 D만큼 빌리면 주식가치는 $D(1-T_c)$만큼 줄어든다.

부록 5.

가장 일반적인
연금수익률

j 시점 때 연금적립액 A_j는 경우를 막론하고 다음 식을 만족한다.

$$A_j = A_{j-1} + I_j + G_j + M_j - F_j$$

A5.1

위에서 I_j는 j시점에 발생한 현금성 손익이며, G_j는 j시점에 발생한 평가상 손익이고, M_j는 j시점에 발생한 납입금 혹은 해지금액이며, F_j는 j시점에 연금사업자가 떼어간 모든 수수료다. 일반적인 경우, I, G, M은 모두 양수 혹은 음수일 수 있으며, F는 언제나 양수다.

j-1시점부터 j시점까지 발생한 수익률 q_j는 M이 유출입되는 시점에 따라 다음 세 가지 식 중 하나를 만족한다. 첫째로, M이 기간 초에 발생하는 경우,

$$A_j = A_{j-1}\left(1+q_j\right) + M_j\left(1+q_j\right)$$

A5.2a

둘째로, M이 기간에 걸쳐 균일한 밀도함수를 갖거나 기간의 정확한 중간에 집중해 발생하는 경우,

$$A_j = A_{j-1}\left(1 + q_j\right) + M_j\left(1 + \frac{q_j}{2}\right)$$

A5.2b

셋째로, M이 기간 말에 발생하는 경우,

$$A_j = A_{j-1}\left(1 + q_j\right) + M_j$$

A5.2c

위 두 번째 경우를 흔히 '하디 공식'이라고 부른다. 하디 공식은 기간이 월간이나 연간 등일 경우 1차 근사치일 수 있으나 보편적으로 성립되는 식은 아니다. 가령 기간이 일간일 경우 하디 공식은 적용될 여지가 없다. 즉, 하디 공식은 하나의 특수한 경우에 불과하다.

식 (A5.2)에 식 (A5.1)을 대입하고 q_j로 정리하면,

$$q_j = \frac{I_j + G_j - F_j}{A_j - \left(I_j + G_j - F_j\right)}$$

A5.3a

$$q_j = \frac{I_j + G_j - F_j}{\dfrac{A_{j-1} + A_j}{2} - \dfrac{\left(I_j + G_j - F_j\right)}{2}}$$

A5.3b

$$q_j = \frac{I_j + G_j - F_j}{A_{j-1}}$$

A5.3c

위 식 (A5.3)은 단위기간에 대한 퍼센티지수익률로 간주할 수

있다. 식을 이해해보자면, 분자는 현금성 손익과 평가상 손익을 모두 더하고 납입금과 해지금액을 빼서 실제 발생한 손익만을 계산한다. 분모는 납입금과 해지금액 발생 시점에 따라 원금을 적절하게 보정한 결과다.

위 단위기간 수익률을 직접 쓸 일은 그다지 많지 않다. 보다 의미 있는 값은 단위기간이 중첩된 다기간총합수익률이다. 이를 Q라고 정의하고, q_j가 Q를 단위기간 수 k로 나눈 값과 같다고 가정하고 정리하면,

$$Q = \frac{\sum_{j=1}^{k}\left(I_j + G_j - F_j\right)}{\frac{1}{n}\sum_{j=1}^{k}A_j - \sum_{j=1}^{k}\left(I_j + G_j - F_j\right)}$$

A5.4a

$$Q = \frac{\sum_{j=1}^{k}\left(I_j + G_j - F_j\right)}{\frac{1}{n}\sum_{j=1}^{k}\left(\frac{A_{j-1} + A_j}{2}\right) - \frac{1}{2}\sum_{j=1}^{k}\left(I_j + G_j - F_j\right)}$$

A5.4b

$$Q = \frac{\sum_{j=1}^{k}\left(I_j + G_j - F_j\right)}{\frac{1}{n}\sum_{j=1}^{k}A_{j-1}}$$

A5.4c

일간으로 적립액이 관리되고 납입금이 들어온 날 당일에 금융상품에 편입되지 않는 일반적인 연금의 경우 사용해야 할 수익률 공식은 식 (A5.4c)다. 그러나 식 (A5.4)는 근본적으로 퍼센티지수익률이라는 한계가 있다. 이는 식 (A5.2)에서 q_j가 퍼센티지수익률로 정의되

었음에 기인한다.

　위 한계를 넘어서려면 로그수익률을 써야 한다. M이 기간 말에 발생하는 경우만 예시적으로 보이면, 식 (A5.2c)는 다음처럼 바뀐다.

$$A_j = A_{j-1}e^{r_j} + M_j$$

A5.5

로그수익률 r_j로 표현된 식 (A5.3c)는,

$$r_j = \ln\left(\frac{I_j + G_j - F_j + A_{j-1}}{A_{j-1}}\right)$$

A5.6

　r_j가 로그수익률이므로 다기간로그수익률 R은 개별로그수익률 r_j의 합으로 정의할 수 있으며, 따라서 R은,

$$R = \sum_{j=1}^{k} r_j = \sum_{j=1}^{k} \ln\left(\frac{I_j + G_j - F_j}{A_{j-1}} + 1\right)$$

A5.7

　일간 로그수익률의 합으로 연금에 대한 기간로그수익률을 구한 경우, 일정 기간에 대한 로그수익률도 쉽게 구할 수 있다. 예를 들어 휴일을 제외하고 1년에 250일의 영업일이 있다고 가정할 경우, 10년 로그수익률은 총 2,500개의 일간 로그수익률의 합이다. 이때 연평균 로그수익률은 10년 로그수익률을 10으로 나눈 값이다. 주간이나 월간 평균로그수익률도 마찬가지로 쉽게 구할 수 있다.

표 및 그림 일람

표일람

그림일람

참고문헌

게르트 기거렌처, 전현우, 황승식 옮김, 『숫자에 속아 위험한 선택을 하는 사람들』, 살림출판사, 2013.

권오상, 『금융의 대량살상무기』, 탐진, 2013.

권오상, 『돈은 어떻게 자라는가』, 부키, 2014.

권오상, 『고등어와 주식, 그리고 보이지 않는 손』, 미래의창, 2015.

권오상, 『돈을 배우다』, 오아시스, 2017.

김재수, 『99%를 위한 경제학』, 생각의힘, 2016.

로버트 쉴러, 이강국 옮김, 『이상 과열』, 매일경제신문사, 2003.

로저 로웬스타인, 이주형 옮김, 『버블의 기원』, 동방미디어, 2004.

마이클 루이스, 김정수 옮김, 『부메랑』, 비즈니스북스, 2012.

마이클 루이스, 이미정 옮김, 『빅 숏』, 비즈니스맵, 2010.

스캇 패터슨, 구본혁 옮김, 『퀀트』, 다산북스, 2011.

에릭 바인하커, 안현실, 정성철 옮김, 『부의 기원』, 랜덤하우스, 2007.

조지 애커로프, 로버트 쉴러, 김태훈 옮김, 『야성적 충동』, 랜덤하우스, 2009.

질베르 리스트, 최세진 옮김, 『경제학은 과학일 것이라는 환상』, 봄날의책, 2015.

칼 포퍼, 이명현 옮김, 『열린사회와 그 적들』, 민음사, 1997.

폴 나힌, 안재현 옮김, 『당신이 10년 후에 살아있을 확률은?』, 처음북스, 2014.

Admati, Anat and Martin Hellwig, *The Bankers' New Clothes*, Princeton University Press, 2013.

Akerlof, George A. and Robert J. Shiller, *Phishing for Phools*, Princeton University Press, 2015.

Anscombe, Francis J., "Graphs in Statistical Analysis", *American Statistician*, 1973, 27(1), pp.17-21.

Ashley, Gerald. *Uncertainty and Expectation*, Wiley, 2003.

Aven, Terje. *Misconceptions of Risk*, Wiley, 2010.

Bachelier, Louis, *Theory of Speculation*, Princeton University Press, 2006.

Bickel, P. J. E., A. Hammel and J. W. O'Connell, "Sex Bias in Graduate Admission: Data from Berkeley", *Science*, 1975, 187, pp.398-404.

Blyth, C. R., "On Simpson's Paradox and the Sure Thing Principle", *Journal of the American Statistical Association*, 1972, 67, pp.364-366.

Bodie, Zvi, Alex Kane and Alan J. Marcus, *Investments*, McGraw Hill, 6th edition, 2005.

Bookstaber, Richard, *The End of Theory*, Princeton University Press, 2017.

Borge, Dan. *The Book of Risk*, Wiley, 2001.

Bossaerts, Peter. *The Paradox of Asset Pricing*, Princeton University Press, 2002.

Bouchaud, Jean-Philippe and Marc Potters, *Theory of Financial Risk and Derivative Pricing*, Cambridge University Press, 2003.

Brenner, Reuven Gabrielle A. Brenner and Aaron Brown, *A World of Chance*, Cambridge University Press, 2008.

Brown, Aaron, *Red-Blooded Risk*, Wiley, 2012.

Brown, Aaron, *The Poker Face of Wall Street*, Wiley, 2006.

Burke, James, *Connections*, Simon & Schuster, 2007.

Carrel, Philippe, *The Handbook of Risk Management*, Wiley, 2010.

Celati, Luca, *The Dark Side of Risk Management*, FT Prentice Hall, 2004.

Chew, Donald H., *Corporate Risk Management*, Columbia Business School, 2008.

Cooper, George, *The Origin of Financial Crisis*, Vintage, 2008.

Copeland, Tom, Tim Koller and Jack Murrin, *Valuation*, Wiley, 2000.

Dash, Jan W., *Quantitative Finance and Risk Management*, World Scientific, 2004.

Derman, Emanuel, *Models Behaving Badly*, Free Press, 2011.

Devito, Carlo, *Mark Twain's Notebooks*, Black Dog & Leventhal Publisher, 2015.

Dowd, Kevin, *Measuring Market Risk, 2nd edition*, Wiley, 2005.

Duffie, Darrell, *Dark Markets*, Princeton University Press, 2012.

Easley, David and Jon Kleinberg, *Networks, Crowds, and Markets*, Cambridge University Press, 2010.

Engle, Robert, *Anticipating Correlations*, Princeton University Press, 2009.

Falkenstein, Eric, *Finding Alpha*, Wiley, 2009.

Falkenstein, Eric, *The Missing Risk Premium*, CreateSpace Independent Publishing Platform, 2012.

Fisher, Irving, *The Debt-Deflation Theory fo Great Depressions*, 1933, CreateSpace Inde-

pendent Publishing Platform

Flavell, Richard, *Swaps and Other Derivatives*, Wiley, 2002.

Fox, Justin, *The Myth of the Rational Market*, Harper Business, 2009.

Frank, Robert H., *Success and Luck: Good Fortune and the Myth of Meritocracy*, Princeton University Press, 2016.

Frey, Bruno S. and David Iselin, *Economic Ideas You Should Forget*, Spinger, 2017.

Gilboa, Itzhak, *Theory of Decision under Uncertainty*, Cambridge University Press, 2009.

Glasserman, Paul, *Monte Carlo Methods in Financial Engineering*, Springer, 2003.

Gollier, Christian, *The Economics of Risk and Time*, MIT Press, 2001.

Grimm, Richard C., "The Paradox of Asset Pricing: By Peter Bosseart. Princeton, N.J.: Princeton University Press, 2002.", *The Quarterly Journal of Austrain Economics*, 2003, 6(3), pp.97-100.

Gros, Caludius, *Complex and Adaptive Dynamical Systems, 2nd edition*, Springer, 2011.

Hazlitt, Henry, *Economics in One Lesson*, Three River Press, 1979.

Hubbard, Douglas W., *The Failure of Risk Management*, Wiley, 2009.

Ilmanen, Antti, *Expected Returns*, Wiley, 2011.

Ip, Greg, *Foolproof: Why Safety Can Be Dangerous and How Danger Makes Us Safe*, Little Brown and Companey, 2015.

Jackel, Peter, *Monte Carlo Methods in Finance*, Wiley, 2002.

Johnson, Neil F., Paul Jefferies and Pak Ming Hui, *Financial Market Complexity*, Oxford University Press, 2003.

Joshi, Mark, *More Mathematical Finance*, Pilot

Whale Press. 2011.

Joshi, Mark, *The Concepts and Practice of Mathematical Finance*, Cambridge University Press, 2003.

Katz, Jeffrey O. and Donna L. McCormick, *Advanced Option Pricing Models*, McGraw Hill, 2005.

Knight, Frank H., Risk, *Uncertainty, and Profit*, Signalman Publishing, 2009.

Korner, T. W., *The Pleasures of Counting*, Cambridge University Press, 1996.

Kritzman, Mark P., *Puzzles of Finance*, Wiley, 2000.

Kwon, Ohsang, "Limitations and Mis-uses of Correlation in Financial Markets", *Journal of Korea Association of Business Education*, 2011, 26(6), pp.21-42.

Kwon, Ohsang, "Hedge Funds' Long-Short Strategy", *The Korean Journal of Financial Engineering*, 2012, 11(3), pp.139-162.

Levitin, Daniel J., *A Field Guide to Lies: Critical Thinking in the Information Age*, Dutton, 2016.

Lewis, Michael, *The Undoing Project: A Friendship that Changed Our Minds*, W. W. Norton, 2016.

Luenberger, David G., *Investment Science*, Oxford University Press, 1998.

Malkiel, Burton G., *A Random Walk Down Wall Street*, Norton, 1999.

Mandelbrot, Benoit B., *The (Mis)Behaviour of Markets*, Profile Books, 2004.

Mari, Dominique D. and Samuel Kotz, *Correlation and Dependence*, Imperial College Press, 2001.

McCauley, Joseph L., *Dynamics of Markets*, Cambridge University Press, 2004.

Miller, Ross M., *Experimental Economics*, Wiley, 2002.

Minsky, Hyman P., *Fundamental Reappraisal of the Discount Mechanisim*, BiblioGov, 2012.

Mises, Ludwig Von, *The Theory of Money and Credit*, Signalman Publishing, 2009.

Moore, Keith M., *Risk Arbitrage*, Wiley, 1999.

Morrison, Foster, *The Art of Modeling Dynamic System*, Wiley-Interscience, 1991.

Neftci, Salih N., *An Introduction to the Mathematics of Financial Derivatives, 2nd edition*, Academic Press, 2000.

Neftci, Salih N., *Principles of Financial Engineering*, Elsevier, 2004.

Ormerod, Paul, *Butterfly Economics*, Faber and Faber, 1998.

Osband, Kent, *Iceberg Risk*, Texere, 2002.

Osband, Kent, *Pandora's Risk*, Columbia Business School, 2011.

Page, Scott E., *Diversity and Complexity*, Princeton University Press, 2011.

Patterson, Scott, *Dark Pool*, Crown Business, 2012.

Pearl, Judea, *Causality, 2nd edition*, Cambridge University Press, 2009.

Pepper, Gordon, *The Liquidity Theory of Asset Prices*, Wiley, 2006.

Purica, Ionut, *Nonlinear Dynamics of Financial Crises*, Academics Press, 2015.

Ray, Christina, *Extreme Risk Management*, McGraw Hill, 2010.

Rebonato, Riccardo, *Volatility and Correlation, 2nd edition*, Wiley, 2004.

Rebonato, Riccardo, *Plight of the Fortune Tellers*, Princeton University Press, 2007.

Reich, Robert B., *Saving Capitalism: For the Many, Not the Few*, Knopf, 2015.

Reinhart, Carmen M. and Kenneth S. Rogoff, *This Time is Different*, Princeton University Press, 2009.

Rodrik, Dani, *Economics Rules: The Rights and Wrongs of the Dismal Science*, W. W. Norton & Company, 2015.

Roehner, Bertrand M., *Patterns of Speculation*, Cambridge University Press, 2002.

Rose, Todd, *The End of Average*, HarperOne, 2016.

Ross, Sheldon M., *An Introduction to Mathematical Finance*, Cambridge University Press, 1999.

Ross, Stephen, A., Randolph W. Westerfield and Jeffrey Jaffe, *Corporate Finance, 6th edition*, McGraw Hill, 2002.

Roth, Alvin E., *Who Gets What - and Why: The New Economics of Matchmaking and Market Design*, Eamon Dolan/Houghton Mifflin Harcourt, 2015.

Rubinstein, Mark, *A History of the Theory of Invesmtments*, Wiley, 2006.

Sarno, Lucio and Mark P. Taylor, *The Economics of Exchange Rates*, Cambridge University Press, 2002.

Savage, Sam L., *The Flaw of Averages*, Wiley, 2009.

Schelling, Thomas C., *Micromotives and Macrobehavior*, Norton, 1978.

Schneeweis, Thomas, Garry B. Crowder and Hossein Kazemi, *The New Science of Asset Allocation*, Wiley, 2010.

Scott, Bruce R., *The Concept of Capitalism*, Springer, 2009.

Scott, W. F., "A Generalization of G. F. Hardy's Formula for the Yield of a Fund", *Transactions of the Faculty of Actuaries*, 1973-75, 34(246), pp.450-454.

Shleifer, Andrei, *Inefficient Markets*, Oxford University Press, 2000.

Simpson, Edward H., "The Interpretation of Interaction in Contingency Tables", *Journal of the Royal Statistical Society*, 1951, 13, pp.238-241.

Smith, Vernon L., *Rationality in Economics*, Cambridge University Press, 2008.

Sornette, Didier, *Why Stock Markets Crash*, Princeton University Press, 2003.

Soros, George, *The Soros Lectures: At the Central European University*, Public Affairs, 2010.

Soros, George, *Financial Turmoil in Europe and the United States: Essays*, Public Affairs, 2012.

Stiglitz, Joseph E., Amartya Sen and Jean-Paul Fitoussi, *Mis-Measuring Our Lives*, The New Press, 2010.

Strogatz, Steven H., *Nonlinear Dynamics and Chaos*, Perseus Books, 1994.

Swensen, David F., *Pioneering Portfolio Management*, Free Press, 2000.

Swensen, David F., *Unconventional Success*, Free Press, 2005.

Taleb, Nassim N., *Antifragile*, Random House, 2012.

Taleb, Nassim N., *Dynamic Hedging*, Wiley, 1997.

Taleb, Nassim N., *Fooled by Randomness*, Texere, 2001.

Taleb, Nassim N., *The Bed of Procrustes*, Random House, 2010.

Taleb, Nassim N., *The Black Swan*, Random House, 2007.

Tirole, Jean, *The Theory of Corproate Finance*, Princeton University Press, 2006.

Vince, Ralph, *The Handbook of Portfolio Mathematics*, Wiley, 2007.

Voit, J., *The Statistical Mechanics of Financial Markets, 3rd edition*, Springer, 2005.

Weatherall, James O., *The Physics of Wall Street*, Houghton Mifflin Harcourt, 2013.

Wilmott, Paul and David Orrell, *The Money Formula*, Wiley, 2017.